本专著为“浙江省哲学社会科学规划课题后期资助项目”，项目编号和名称为：18HQZZ38“原研药企利用专利权排斥仿制药竞争的反垄断规制研究——反向支付协议与药品专利常青的双重纬度”。

原研药企专利权排斥仿制药竞争的反垄断规制研究

赵 歆◎著

吉林大学出版社
·长春·

图书在版编目（CIP）数据

原研药企专利权排斥仿制药竞争的反垄断规制研究 / 赵歆著. -- 长春：吉林大学出版社，2024. 10.

ISBN 978-7-5768-4033-9

Ⅰ. D913.4；F407.7

中国国家版本馆 CIP 数据核字第 2024A9Q854 号

书　　名　原研药企专利权排斥仿制药竞争的反垄断规制研究
　　　　　YUANYANYAOQI ZHUANLIQUAN PAICHI FANGZHIYAO JINGZHENG DE FANLONGDUAN GUIZHI YANJIU
作　　者　赵　歆　著
策划编辑　殷丽爽
责任编辑　张宏亮
责任校对　曲　楠
装帧设计　谢婉莹
出版发行　吉林大学出版社
社　　址　长春市人民大街 4059 号
邮政编码　130021
发行电话　0431-89580036/58
网　　址　http://www.jlup.com.cn
电子邮箱　jldxcbs@sina.com
印　　刷　天津和萱印刷有限公司
开　　本　787mm × 1092mm　1/16
印　　张　11.25
字　　数　220 千字
版　　次　2024 年 10 月　第 1 版
印　　次　2024 年 10 月　第 1 次
书　　号　ISBN 978-7-5768-4033-9
定　　价　72.00 元

前言

制药行业是高度依赖专利制度保护的行业，原研药企经常会采取各种竞争策略维持并延长自身药品专利的保护期限。目前，原研药企针对仿制药企的专利竞争行为主要可以分为两种：第一，原研药企和仿制药企间签订的反向支付协议行为；第二，原研药企在一代药品专利基础上申请二代药品专利的专利常青行为。这两种限制性竞争行为近年来在世界范围内吸引了来自反垄断执法机构的密切与广泛关注，引发了学界、实务界及产业界关于专利法和反垄断法对反向支付协议和药品专利常青行为规制角色分工、是否需由反垄断法介入及在何种程度上予以介入的激烈讨论。首先，最早诞生于美国特殊药品管理规制背景下的药品反向支付协议近年来在其他国家也纷纷出现，一度成为反垄断法的热点研究问题。其次，随着各国专利申请数量的整体激增及创新药企研发步入困境，再加上各国医保控费制度的实行，原研药企纷纷在一代专利基础上申请二代专利（又称跟进专利），目的在于扩充药品专利的权利保护范围与延长时间保护长度，这种通常被认为属于专利法规制范畴的药品专利常青行为近年亦引发各国反垄断执法机构的关注。在实践中，反向支付协议与专利常青行为有时单独出现，有时也被原研药企同时实施并随之产生更大的反竞争效果和市场危害。本书将从比较法的视角出发，主要分析原研药企针对仿制药企采取的有可能排除限制竞争行为的反垄断规制问题，并简要探讨我国相关专利法和药品注册管理办法的完善问题。

本书参考英文文献对反向支付协议和药品专利常青行为进行了详细的分析和对比。首先，通过运用法律比较分析法对两种行为在美国、欧盟、加拿大、澳大利亚、印度、巴西等国（地区）不同反垄断机构的执法、司法机构的裁判和相关立法修法进行了详细梳理并得出对我国的启示，为我国反垄断法律法规对两种行为的规制提出了意见和建议。其次，通过运用历史分析法对反向支付协议和药品专利常青行为在不同国家的规制历史或立法背景进行了详细分析，解释了确立上述两种行为反垄断法规制原则的各种原因。最后，通过运用经济学分析法介绍了反向支付协议的相关经济学模型和有关药品增量创新的数据支撑，旨在为反向支付协议和药品专利常青行为可能存在的促进竞争的正当理由提供经济学支撑。

本书的一个创新点体现在大多数已有文献对两种行为的反垄断问题的论述是割裂开的，而本书通过新的研究视角对药企的反向支付协议行为和药品专利常青行为进行合并论述，分析两种行为可能分别违反反垄断法中垄断协议部分和支配地位滥用的规定；同时指出并例证两种行为可能同时被原研药企作为竞争策略所采纳时对药品市场竞争的损害。通过对比性分析，本书提出了我国对待两种限制性竞争行为应实施不同的反垄断法规制的原则：对于反向支付协议行为应采取较为积极主动的态度，对于药品专利常青行为则应较为被动谨慎；但不同于那些未涉及专利权的限制性竞争行为，针对上述两种行为，当涉及专利问题时，本书认为总体的反垄断法规制都应当是相对谨慎的。本书的另一个创新点体现在对反向支付协议行为和药品专利常青行为的分析涉及药品注册管理制度、专利制度及反垄断规则三部分内容，体现了不同学科和部门法的交叉与融合。结合我国当前为提升本土制药企业创新研发能力和提高仿制药质量工程的大目标，本书提出了新的观点，即为促进我国制药企业的创新发展，我国反垄断法应对制药企业尤其是原研药企利用专利权并滥用专利权的竞争行为采取总体谨慎介入的态度。此外，本书采取新视角和新资料分析了药企反向支付协议行为和药品专利常青行为。

最后，本书得出如下结论：第一，对于药企反向支付协议的反垄断法规制已然比较清晰和有可资借鉴的经验，一般应效仿美国采用“合理原则分析法”而非“专利权范围分析法”或非“本身违法原则分析法”，从而来全面考察反向支付协议的限制性竞争的效果和危害；欧盟委员会和欧盟普通法院在反向支付协议分析中采取的相对严厉的“目的上限制竞争”的分析标准不可借鉴。对于药品专利常青问题的反垄断法规制总体上应更谨慎，应同步依赖于专利法制度尤其是“可专利性标准”的内在完善，谨慎施加反垄断法规制。除非有明确证据证明原研药企知道涉案专利的“可专利性标准”没有被满足或者原研药企的常青行为对仿制药企产生了实质性延缓市场进入的反竞争效果。第二，建议在我国反垄断法相关配套制度尤其是涉及知识产权滥用的反垄断指南中，效仿加拿大引入规制反向支付协议的专门条款，并效仿美国建立专门的反向支付协议报告制度，以加大管制力度。而对于药品专利常青行为，本书首先提出在我国专利法第四次修法中原则性规定“申请阶段不得滥用专利权”的基础上主要依托专利权司法个案确定的原则，而反垄断法应当谨慎介入此问题；适当提升我国药品专利授权的门槛；建议完善我国现有的药品注册管理制度，如修订《药品注册管理办法》，探索建立我国真正的专利链接制度及构建仿制药挑战专利的激励机制，其对于我国制药企业创新发展、提升药品整体质量、惠及药品消费者享有价格福利都有着重要作用，这些目标亦与反垄断法促进药品行业市场竞争的大目标相契合。综上，解决其他管制机制的缺陷并不是反垄断法的目标，真正解决反向支付协议和药品专利常青问题并促进我国制药行业的创新发展，需要反垄断法、专利法和药品管理法的共同努力。

赵歆

2024 年 7 月

目录

第 1 章　概述……1
1.1　问题的提出与背景……2
1.2　已有的研究成果与不足……4
1.3　研究的意义与结构安排……8
1.4　研究的方法与创新点……10
1.5　待深入研究的问题……12

第 2 章　反垄断法与专利法在制药行业的结合……13
2.1　原研药企与仿制药企的定义与现状……13
2.2　药品专利限制竞争的反垄断规制……14
2.3　两种药品专利排斥竞争行为：反向支付协议与药品专利常青概述……24
2.4　小结……27

第 3 章　美国规制反向支付协议的做法……28
3.1　反向支付协议在美国产生的背景……28
3.2　美国规制反向支付协议的行政、立法和司法实践……34
3.3　对反向支付协议的经济学分析……52
3.4　反向支付协议的论证……55
3.5　小结……58

第 4 章　欧盟及其他国家规制反向支付协议的做法……60
4.1　欧盟药品管理制度与反向支付协议……61
4.2　欧盟委员会制药行业竞争调查报告与反向支付协议……70
4.3　欧盟委员会专利和解协议年度监控报告分析……72

4.4 欧盟委员会对反向支付协议的行政调查……80
4.5 欧盟普通法院有关反向支付协议的第一起判决……83
4.6 反向支付协议在其他国家的反垄断规制……85
4.7 小结……88

第5章 原研药企药品专利常青行为的反垄断规制……90
5.1 药品专利常青有关问题的厘清……90
5.2 药品专利常青在专利法中的合法性分析……102
5.3 美国规制药品专利常青的反垄断做法……108
5.4 欧盟规制药品专利常青的反垄断做法……115
5.5 加拿大与澳大利亚规制药品专利常青的反垄断做法……122
5.6 药品专利常青与反向支付协议的结合……124
5.7 小结……125

第6章 促进我国制药企业创新发展的反垄断及其他相关对策分析……129
6.1 我国制药行业概况……129
6.2 反垄断法的外部干预……141
6.3 专利法的内在完善……146
6.4 药品管理制度的完善……149
6.5 小结……154

第7章 结论……156

参考文献……158

第1章　概述

众所周知，制药行业是一个高度依赖专利制度保护的行业。一方面，专利制度赋予了药品专利权人20年的权利独占期，在专利保护期内，允许药品专利权人对专利药品收取高于竞争水平之上的价格。但鉴于药品专利涉及公共健康和患者近药权等公共利益问题，使其与其他行业的专利相比具有特殊性。而以研发新药为主的原研药企在专利竞争策略中会想尽办法延长自身药品专利的保护范围和期限并阻碍或延缓仿制药进入市场，采取如反向支付协议和二代药品专利常青行为。这由于两种行为都涉及药品市场的价格竞争，所以都属于原研药企排斥仿制药企竞争的行为，其涉及了专利法和反垄断法[①]的交叉。在讨论药品专利垄断问题时，需要注意的一个问题是，在过去的一个世纪里，药品生产者、科学家和临床实践医师之间的合作对于开发和推广数量众多的有效药品来说是非常重要的，但这种合作安排中的商业性与科学性之间的模糊引发了社会的焦虑和担忧。目前，我们仍保有"药品治愈全球"的理念，然而当我们争论有关专利的合理限制、数据专有权及其他知识产权形式时，会面临这样的现实，即目前不可能在严肃讨论健康和疾病问题时排除制药公司利润的促销问题，现今这两个因素是必然相连的[②]。基于这样的背景，本书设定并关注如下重点问题，即原研药企的反向支付和专利常青这两种专利竞争策略行为在何种情况下需要由维持市场竞争的反垄断法进行规制？如何使竞争规制既可以负担仿制药参与市场竞争又不损害原研药企研

---

① 我国所称的"反垄断法"（anti-monopoly law）在美国被称为"反托拉斯法"（antitrust law），在欧盟被称为"竞争法"（competition law），三者所指代的内容基本一致。为遵循英文原文和各个国家（地区）的习惯性称法，在涉及我国及概括性叙述时使用"反垄断法"的措辞，在涉及美国制度时称为"反托拉斯法"，在涉及欧盟制度时则称为"竞争法"。

② M. J G.Medical Monopoly：Intellectual Property Rights and the Origins of the Modern Pharmaceutical Industry[M].University of Chicago Press，2019.

发创新的积极性？本书将围绕这两个问题展开并试图进行适合中国国情的对策性分析。

1.1 问题的提出与背景

在经济部门的各产业中，制药产业被视为对专利制度依赖程度最高的产业。由于涉及普通民众获取药品的用药权益（drug accessibility）和一国公共卫生福利（public health welfare）及医疗保险财政开支问题，制药行业的专利问题历来引发人们的高度关注。依据制药企业的创新能力和类别，可以分为原研药企（或称创新药企和仿制药企。原研药企指开发新药并高度依赖专利制度保护的一类制药企业；仿制药企指自己不开发新药，而是等原研药企专利药过期之后，凭借与原研药企具有“生物等效性”（bioequivalency）而上市仿制药品与过期专利药品竞争的另一类制药企业。进入21世纪后，世界范围内的原研药企面临如研发困难、资金短缺、所拥有专利纷纷到期导致价格断崖式下滑的现状（被形象地称为“专利悬崖”现象），以及国家医疗保险支出控制等各种困境，依赖专利制度保护的原研药企纷纷采取各种专利竞争策略来排斥或延缓仿制药的市场竞争。

在这些令人眼花缭乱的原研药企专利竞争策略中，根据施加对象的不同，分为针对其他原研药企的竞争策略和针对仿制药企的竞争策略两大类。本书主要关注后者，即原研药企利用专利排他权保护采取的排斥仿制药企市场竞争并有可能违反一国反垄断法内容的专利竞争策略，包括反向支付协议[①]行为和药品专利常青[②]行为。本书主要分析的第一个问题是反向支付协议问题。对于反向支付这种原研药企和仿制药企间的专利和解协议行为，依据“不得行使并滥用知识产权排除限制竞争的原则”，美国和欧盟等国家（地区）已经作出了一些反向支付协议

①“反向支付协议”是美国法的称法，在欧盟称为“专利和解协议”，有时也称为“反向支付协议”，二者意思基本一致。为方便行文，本书将交替使用“反向支付协议”和“专利和解协议”，指代内容一致。

②“专利常青”现象不仅存在于制药行业，在其他行业亦有发生。为了加以区别，本书使用“药品专利常青”，指原研药企在一代药品专利基础上策略性地申请二代药品专利或跟进式药品专利，目的在于延长一代专利的保护范围和保护时间，并排斥仿制药的进入。

违反反垄断法的判决。本书主要分析的第二个问题是药品专利常青问题。这不仅涉及“专利权的行使”，还涉及“专利权的获取”问题。随着近年有关反垄断法可否介入专利权申请阶段的规制成为讨论的热点，在欧盟，原研药企的二代专利申请常青行为已经引起了欧盟执法机构——欧盟委员会的调查和关注。

本书关注原研药企的两种专利竞争策略，第一种是反向支付协议行为，指原研药企在仿制药企挑战专利时终止正在进行的司法诉讼程序，与仿制药企达成延迟市场进入或不进入的专利和解协议并支付给仿制药企一定金额或其他好处的一种协议。这种行为可以被视为原研药企与仿制药企间分享因专利药品带来超高定价的利润分享行为，药品消费者“获取低价药品”的权利因此被牺牲掉了。这种行为有可能因损害药品市场竞争而被视为一种垄断协议并遭到反垄断执法机构的调查和处罚，此行为目前在美国已经遭到来自联邦贸易委员会（Federal Trade Commission，FTC）的行政调查并对引发的多起相关司法案件陆续作出了判决。在欧盟，也存在反向支付协议的问题，竞争执法者欧盟委员会（European Commission）已就反向支付协议展开了多起调查行动，并且欧盟普通法院（GC）已于2016年9月就反向支付协议作出了第一起司法判决。

第二种是药品专利常青行为，指原研药企在一代专利基础上为了扩充一代专利的保护范围和保护时间并延缓或者排斥仿制药企参与市场竞争，针对衍生物、组合物、包装、不同剂型等策略性申请二代专利的行为。该行为的典型表现就是产品转换行为，指原研药企在自己一代专利药品临期前，为排斥仿制药进入市场，在剂型、包装、化合物组合等方面予以改良而推出二代药品，并使开药医师与药品消费者转换至二代药品上的一种行为。该行为目前已经在美国、加拿大等国家遭受了反垄断调查和指控，并作出了相应的司法判决。如果原研药企在专利权范围内行使权利，不应被视为违反反垄断法，但如果原研药企的行为超过了专利权范围或滥用了专利权制度，并且对药品产品市场竞争造成了损害或歪曲，应当被视为违反了反垄断法支配地位滥用的内容。

本书论述的上述两种行为并不是割裂开的，最主要的原因在于反向支付协议和药品专利常青行为经常同时出现。反向支付协议中规定的市场进入时间可以为药品专利常青中的药品转换策略提供时间差上的保证；而药品专利常青进一步确保了原研药企获得额外专利排他权的保护地位，并为原研药企进一步执行和实施反向支付协议行为提供便利。总之，两种行为的并存会对竞争市场造成更大的损害，将两种行为合并分析并找到两者的共性与差异，对于充分理解原研药企竞争策略的反垄断规制问题是十分有必要的。

此外，对于知识产权反垄断的规制原则问题，欧盟历史上遵循了“权利的存在（获取）”与“权利的行使”二分法，权利存在本身不受反垄断法规制，但权利的行使受反垄断法的制约。然而，随着欧盟自 2008 年起对制药行业竞争状况的调查所呈现的态度，专利权申请阶段的行为似乎也可能受到反垄断法的规制。这种对药品专利申请阶段的规制举措是否具有普适性，其他国家的反垄断法是否应当采纳是需要认真考虑的问题。以下，本书将试图从反垄断法视角分析原研药企的反向支付协议行为（涉及权利的行使）药品专利常青行为（既涉及权利的获取又涉及权利的行使），以反垄断法的基本理论为背景从垄断协议和支配地位滥用角度出发分析反垄断法规制问题，即从研究“专利权行使”中的滥用行为到试图讨论“专利权获取”中的滥用行为。同时，由于药品上市需受到药政部门的监管和审批，本书也涉及美国、欧盟、我国及其他国家的药品管理法的相关内容。而与广告法、反不正当竞争法等相关的内容并不在本书的讨论范围内。另外，由于本书篇幅所限，也不讨论原研药企针对其他原研药企竞争者的排斥性竞争行为。

1.2 已有的研究成果与不足

1.2.1 已有的研究成果——反向支付协议

在针对反向支付协议的分析与研究中，国内已经有相关文献对此作出了系统性的梳理与回应，但由于研究的时间不长，其深度有待加强。笔者在查阅国内相关文献后发现，针对该课题的已有研究主要从创新药与仿制药的专利与价格较量角度出发，或者从美国 1984 年颁布的《药品价格竞争和专利期补偿法案》（Hatch-Waxman 法案）对制药行业的影响角度出发进行论述，着重分析了原研药企与仿制药企间在促进药品创新、完善药品专利保护、拉低专利药品价格、促进社会公共卫生福利等方面的平衡关系。例如：赵曦的《原研药与仿制药的较量——美国 Hatch-Waxman 法案简介》、丁锦希的《美国药品专利期延长制度浅析——Hatch-Waxman 法案对我国医药工业的启示》、杨莉等人的《美国的仿制药独占制度研究》等文献。

目前，国内还有吗专门的著作对反向支付协议反垄断规制问题进行深入的讨论。张晓东在《制药专利制度比较研究与典型案例》中只是提到了"反向支付协议"的产生背景和美国竞争执法机构对"反向支付协议"的规制及若干司法判例。

另有若干篇文章专门分析了反向支付协议问题。例如：2007 年陈武的《美国药品专利诉讼中的反向支付协议——以 Cardizem CD 及 Valley Drug 案为研究进路》；2009 年张瑜、罗先觉的《专利诉讼和解中反向支付的反垄断分析——兼评 Schering-Plough 及 Tamoxifen 反向支付案》。上述两篇文章从个案的角度分析了美国的反向支付协议。又如：2012 年罗蓉蓉的《美国医药专利诉讼中"反向支付"的反垄断规制及其启示》较为全面地总结和分析了反向支付协议的产生背景、表现形式及其在美国各个巡回法院裁判中适用的分析原则；2013 年刘文骥的《医药行业反向支付协议的反垄断法规制》将美国和欧盟对反向支付协议的调查进行了比较研究；2013 年苏华、韩伟的《药业反向支付协议反垄断规制的最新发展——兼评 Actavis 案及 Lundbeck 案》对美国最高法院 2013 年判决的"Actavsi 案"和欧盟处罚的"Lundbeck"案进行了相应的介绍；2014 年宋建宝的《专利诉讼反向支付和解协议的反垄断审查：美国的规则与实践》与 2015 年郭德忠的《美国药品专利领域反向支付的反托拉斯问题》主要对美国 2013 年"Actavis 案"的判决原理和判决背景进行了详细的梳理。综上，上述各类文献要么是对美国反向支付协议联邦巡回法院和最高法院判例的研究，具有个性化；要么总结和归纳了"专利权范围分析法""合理原则""快速合理原则"及"本身违法原则"判定方法的适用选择，但并没有涉及反向支付协议在其他国家的相关情形；或者虽然将欧盟和美国对反向支付协议的调查进行了比较分析，但并没有详细比较两个法域药品注册管理制度和反垄断法制度的不同。

对反向支付协议的研究，美国相关资料非常丰富。自从美国竞争执法机构将反向支付协议作为反托拉斯执法领域的一个重点以来，相关学术论著颇丰。自

2008年欧盟开展制药行业调查以来，也开始对反向支付协议行为加大了执法力度，对此问题的论述也日渐成熟；其他国家如加拿大、澳大利亚、印度等国也有少量文献。

简言之，目前我国对反向支付协议反垄断规则问题的研究仍处于起步阶段，且从药品行政管制角度论述较多，从反垄断法角度论述较少。基于反向支付协议（或称专利和解协议）的复杂性、表现形式的多样性、违法与否的不确定性及个案分析为重等因素的考虑，需要对其进行深入全面的剖析，尤其是在规制该垄断行为的原则、协议的具体表现形式、对制药产业竞争状况的影响等方面。此外，还需比较反向支付协议在其他国家的产生和影响，并探讨建立符合我国实际情况的反向支付协议反垄断规章制度。

1.2.2 已有的研究成果——药品专利常青

针对原研药企药品专利常青的研究，国外已有相关文献加以论述。通过研究发现，原研药企利用初代药品专利权申请二代（甚至三代、四代）药品专利的“专利常青”行为并非新问题。通过分析已有文献对“二代专利常青策略”竞争问题的论述及原研药企所依赖的“增量创新”（increment innovation）基本特征的研究得知，“申请二代专利”虽然是原研药企惯常采用的一种市场竞争策略，符合科学技术领域“增量创新”渐进式的发展规律，但过度的增量创新及由此造成的专利长期后果（如后文提到的产品转换行为），可能引起反垄断法执法机构的关注。

研究原研药企二代专利常青问题的英文文献包括四类：第一类是Inderjit Singh Bansal等人的“Evergreening—A Controversial Issue in Pharma Milieu”；John R. Thomas的“Patent ‘Evergreening’: Issues in Innovation and Competition”；Ove Granstrand的“IP strategies and policies for and against evergreening”；Jonathan J. Darrow的“Debunking the Evergreening Patents Myth》等。此类文献专门对药品专利常青问题进行综合论述。第二类是对药品专利增量创新的专门分析，如葛兰素史克公司（GSK）发布的“Global Public Policy Issues，GlaxoSmithKline’s Position，Incremental Innovation”；国际药品制造商协会联合会（IFPMA）发布的“Incremental Innovation: Adapting to patient needs”；著名发展中国家专利法专

家 Carlos M.Correa 撰写的“Pharmaceutical innovation and incremental patenting”等。这类文献具体分析了药品增量创新的利与弊。第三类是 2009 年欧盟委员会发布的制药行业竞争状况最终调查报告（EU Pharmaceutical Inquiry Report），该报告对欧盟制药行业竞争状况进行了全面的分析调查，针对二代专利申请和专利常青问题也有专章论述，但该报告仅限于竞争分析，并没有提供具体的规制措施。第四类是关于国别分析的文献，如针对美国“药产品转换”的反托拉斯若干判例与理论分析，针对印度和巴西专利法对“专利常青”禁止性做法的相关判例和文章。

有关原研药企二代专利常青问题，国内讨论并不多。主要原因在于我国制药产业与发达国家相比，起步较晚，新产品研发投入不足。多数药企生产的仍是仿制药，且我国对仿制药产业发展的鼓励也不似印度政府般采取特殊保护的做法。虽然我国历史上也有少数如青蒿素等原创新药进军国际市场，但我国制药产业仍未形成以企业为中心的技术创新体系。面对全球人口的持续增长和老龄化社会的到来，以及民众健康保健意识的增强，对创新和原研药物的持续需求推动着我国制药产业的持续发展。在此背景下，如何既促进我国药品市场创新，又保证良好的药品竞争环境并惠及药品消费者，药品专利常青的反垄断问题值得深入探讨。

1.2.3　已有文献的不足

“反向支付协议”和“药品专利常青”都是原研药企针对仿制药企采取的竞争策略行为，目的都在于排斥仿制药竞争并延长自身母专利（parent patent）的保护期限；但两者在产生根源上的不同和从属限制竞争的类型不同，导致反垄断法对这两种专利竞争策略的行为采取了不同的态度，即针对反向支付协议，竞争法可以采取较为强势和清晰的介入，且反垄断执法机构已拥有相对丰富的执法经验；而对药品专利常青行为不可强势介入，需重点依赖专利法制度内部的自我矫正，即使适用反垄断规则也应遵循谨慎的态度和依托个案的分析。

纵观已有文献，主要存在以下几点不足：第一，已有文献并没有从反垄断法的视角将反向支付协议与药品专利常青行为结合起来进行关联分析，也没有从专利法与反垄断法相结合的视角看待这两种可能限制竞争的行为。第二，英文文献主要分析了美国和欧盟等国家（地区）对反向支付协议和药品专利常青行为的立法、行政与司法实践；而我国针对此问题的研究还处于起步阶段，上述中文文献欠缺对我国实际制药行业原研药企专利竞争策略问题的深入分析和细致研究。第三，有关患者用药权益问题的研究，已有文献主要从专利法、药品管理法、人权伦理道德等方面进行了论述，而从反垄断法角度进行深入论述的文献并不多。

1.3 研究的意义与结构安排

1.3.1 研究的意义

本书通过详细分析原研药企利用药品专利权排斥延缓仿制药企市场竞争的反向支付协议和药品专利常青行为的反垄断规制问题，对反向支付协议和药品专利常青行为展开了系统、详细的论述；通过比较美国、欧盟、印度、巴西、加拿大等国家（地区）的相关规制措施，提出了我国规制反向支付协议和药品专利常青行为的对策性措施。本书合并论述反向支付协议和药品专利常青行为的原因在于，通过分析相对传统的反向支付协议（涉及垄断协议）和有新发展样式的药品专利常青（涉及支配地位滥用），来揭示反垄断规制在不同时期、不同行业和不同历史发展阶段所体现出来的不同。本书的研究内容对于提升我国制药企业的创新发展能力具有一定的理论指导意义，并拟通过对其他国家的比较性分析找到可供借鉴之处。

1.3.2 本书的结构安排

本书旨在从反垄断法视角出发，分析原研药企在市场竞争过程中排斥仿制药企市场进入的两种策略性行为——反向支付协议行为与药品专利常青行为，进而分析这两种行为的特点、种类、产生原因、对竞争的影响及可能引发的反垄断规制。本书一共分为 7 章：第 1 章是概述，主要包括问题的提出与背景、已有的研究成果与不足、研究的意义与结构安排、研究的方法与创新点、待深入研究的问题。第 2 章主要讨论了反垄断法与专利法在制药行业的结合问题。首先探讨了原研药企的特征与现状、仿制药企的特征与现状；然后讨论了反垄断法与专利法之间的关系，并落脚到反向支付协议和药品专利常青这两种行为上。第 3 章[①]全面分析了美国规制反向支付协议的做法，内容包括反向支付协议在美国产生的背景，美国规制反向支付协议的行政、立法和司法实践，并从经济学视角进一步分析了反向支付协议的相关内容。第 4 章详细讨论了欧盟及其他国家规制反向支付协议，重点分析了欧盟 2009 年制药行业调查报告和专门针对反向支付协议的各年度监控报告和欧盟委员会的相关行政执法案件，同时概述了反向支付协议在其他国家的情形。第 5 章全面分析了原研药企采取的药品专利常青行为的反垄断规制的相关内容，即利用申请二代药品专利来达到专利常青的目的，并排斥仿制药的市场竞争。此部分内容首先分析了药品专利常青的产生原因、背景及不同观点和争论等；其次，讨论了药品专利常青在专利法中的合法性问题，包括国际法——TRIPS 协议的相关规定、国内专利法可专利性标准分析、印度和巴西等国家对打击药品专利常青的特殊立法等；再次，从反垄断法角度分析了美国对待“药产品转换”这种典型的专利常青行为的主要司法判决和行政查处，以及欧盟对二代专利常青的行业调查报告与欧盟委员会对二代专利常青的竞争法态度，还简要涉及了加拿大和澳大利亚对药品专利常青的态度。第 6 章主要分析了中国的政策选择，旨在提高我国制药企业的创新能力和我国制药企业的全球竞争力水平，探讨我国制药企业面临的机遇与挑战。首先，从反垄断法角度出发，分析了反垄断法介入反向支付协议与药品专利限期行为的时机与情形、反垄断法相应法律法规的完善工作、反垄断执法机构与专利行政管理机构的合作等；其次，从专利法视角思考如何应对二代专利常青策略行为，包括专利创造性标准提高与否、专利保护期延长制度及专利法的修法内容；再次，从完善药品管理制度的角度入手讨论我国专利链接制度的完善和仿制药挑战专利激励机制的建立。第 7 章是结论部分，指出在全球制药行业陷入创新力疲软利各国药品价格和药品医疗报销成本受到控制的情形下，反垄断执法机构采取的竞争管制策略总体上应当是谨慎的。虽然我国反

---

① 鉴于反向支付协议最早产生于美国，并且美国对反向支付协议的行政、司法和立法规制的历史相比于其他国家更早、更全面，故设第 3 章专门予以探讨；而且，考虑到从经济学视角讨论有关反向支付协议的内容在美国比较成熟，因此把反向支付协议的经济学分析放入第 3 章中予以介绍。对于其他国家涉及反向支付协议的分析将放在第 4 章进行论述。

垄断执法机构需要对制药行业的反垄断行为多加关注，但不可对反向支付协议和药品专利常青行为实施过于严苛的反垄断规制。而至于专利法能够做到的内生性完善仍然需要落脚到严把专利申请质量的关卡上。本书进一步得出结论，在我国鼓励药企创新和严把仿制药质量工程共同目标和国家的医保控费和药品保险制度的完善背景下，反垄断法应当重视上述两种行为，但其所起的作用仍是有限的，需要结合专利法的内在完善和药品管理制度的修订。正确看待这一点是了解和认识我国制药企业反垄断问题的关键所在。

1.4 研究的方法与创新点

1.4.1 研究的方法

1.4.1.1 比较分析法

本书运用比较法律分析法探析了反向支付协议和药品专利常青行为在美国、欧盟、印度、巴西、加拿大、澳大利亚等国家（地区）的规制情形，深入探讨了两种行为的区别、特征、产生原因、不同的反垄断法规制原则等问题。同时，比较了原研药企与仿制药企在药品研发、经营策略、专利依赖度等方面的差异。

1.4.1.2 历史分析法

本书从历史时间的角度对涉嫌违反反垄断法的反向支付协议和药品专利常青行为进行了梳理。例如，从历史角度分析了美国行政机构 FTC 和司法部门规制反向支付协议的变迁史，尤其是以美国最高法院于 2013 年 6 月判决的打击反向支付协议的司法实践案件为时间节点，分析此案件前后反向支付协议司法规制的不同与矛盾。

1.4.1.3 经济学分析法

本书从经济学角度展示了反向支付协议的几个经济模型，分析了反向支付协议产生的原因、特征和规制。同时，也从经济学角度给出了数据分析药品增量创新的合理性，以及药品领域的各种干预政策措施的经济学基础，旨在为反垄断的市场竞争分析提供理论和数据支撑。

1.4.1.4　规范分析法

本书旨在提出我国对待反向支付协议和药品专利常青的相关对策性建议。在提出反垄断法在适用反向支付协议和药品专利常青中的具体制度构建的同时，简要论述了我国药品专利的链接制度、药品专利期延长保护制度、仿制药挑战专利激励制度等的构建与完善。

1.4.2　研究的创新点

1.4.2.1　使用了新的方法

本书从反垄断法、专利法和药品管理法三个方面入手，讨论了反向支付协议和药品专利常青两种限制竞争行为，并对反向支付协议与药品专利常青进行了对比分析，弥补了国内研究的不足。此外，本书搜集整理并分析了美国、印度、巴西、加拿大等国有关反向支付协议和药品专利常青反垄断执法与司法实践的资料，汇集梳理了大量一手英文文献，从历史角度和国别比较角度进行了深入分析。

1.4.2.2　提出了新的观点

本书结合了制药产业高投入、高收益、周期长及涉及公共利益等特殊性，并结合我国原研药和仿制药未来发展与创新问题，通过分析借鉴域外法的经验，提出了新的观点，即我国反垄断法应对原研药企利用专利的竞争行为采取总体谨慎的态度，对待反向支付协议可以参考美国的“合理原则分析法”，对待专利常青问题需要首先确定药企的相关市场和支配地位，确有如药产品转换类型行为发生并对竞争产生实际损害时才能予以规制。

1.4.2.3　得出了新的结论

本书结合我国新医改方案和实行创新驱动发展战略的背景，从美国、欧盟和其他国家的实践经验出发分析反向支付协议与药品专利常青两种行为的反垄断规制问题，得出了新的结论：鉴于反垄断执法机构和反垄断法庭对专利问题技术判断上的困难，反垄断法对药品专利滥用行为的规制和介入是有限的和克制的，同时，需要我国专利法和药品管理法制度本身的完善，才能从根本上解决反向支付协议和专利常青问题。

1.5 待深入研究的问题

第一，由于学科知识的局限性，本书没有对制药行业的专利制度进行更加细致的技术分析和研究，尤其是针对专利权利要求范围、药品专利权的创造性标准问题，有待于积累相关背景知识后再对该问题进行深入探讨。第二，由于研究篇幅的限制，本书没有涉及原研药企针对其他原研药企竞争者的专利竞争策略，以及仿制药企针对其他仿制药企竞争策略的专利反垄断行为的分析，希望在后续的学术研究中能继续对该领域进行持续跟踪与研究。第三，在药品专利对社会福利和公共政策影响方面，本书欠缺药品经济学和药品管理学分析部分，拟在以后的研究中对该问题进行更加深入的探讨，可望借助药品经济学和药品福利管理学理论来对药品专利反垄断法律规制问题提供进一步的理论支撑。第四，本书的药品专利常青的资料相对于反向支付协议部分偏少，本书仅重点分析了美国、加拿大所规制的药品转换行为，其他药品专利常青等具体行为并没有涉及，预计在以后课题中予以加深研究。

第 2 章 反垄断法与专利法在制药行业的结合

本章首先分析了制药行业内原研药企和仿制药企的特征与现状；然后通过静态效率与动态效率及反垄断与创新激励的视角来论述反垄断法与专利法之间的关系；最后通过美国法的“专利权滥用原则”和欧盟竞争法实践中所确立的“权利存在”与“权利行使”二分法的发展历史，来论述反垄断规制药品专利限制性竞争行为的理论依据。

2.1 原研药企与仿制药企的定义与现状

2.1.1 原研药企

2.1.1.1 原研药企的定义与现状

原研药企是指那些自身从事药品研究和开发，并对研发的药品申请专利保护的制药企业。众所周知，制药行业尤其是原研药品研发的时间成本和金钱成本相当高。制药研发研究表明，如果筛选 5 000 至 10 000 个具有治疗价值的化合物，其中大约仅 250 个具有进一步测试的价值；在这 250 个分子中，只有 5 个会通过临床试验，而且通常临床试验中 80% 的药品会面临失败[①]。在大多数国家中，制药行业是受管制的行业，旨在达到如支持创新、保护公共福利、控制公共医疗开支等多重目标。而且，由于存在临床试验、药品注册行政程序和市场准入等后续

① ADAM B. J，JOSH. L. Innovation and Its Discontents: How Our Broken Patent System is Endangering Innovation and Progress,and What to Do About It[M].Princeton University Press，2011.

问题，再加上药品专利申请通常发生在药物研发的早期阶段，所以一项药品专利实际上只有 8 至 10 年的专利保护期，而非专利法中通常设定的 20 年保护期，可以说药品专利的保护期限直接被缩减至一半。

2.1.2 仿制药企

2.1.2.1 仿制药企的特征与现状

与原研药企相对应的一个概念就是仿制药企和原研药企需要大规模的前期投资不同，仿制药企的研发成本要低得多，因此它们在药品品牌的市场促销方面并不积极，因为仿制药企主要依靠低价取胜，所以一般无法承担高额的广告促销成本。而且与原研药企相比，仿制药企的规模较小且一般是国内企业。

2.1.2.2 仿制药企的市场进入

2.2 药品专利限制竞争的反垄断规制

2.2.1 问题的本质：反垄断法与专利法之间的关系

反垄断法与专利法之间的关系问题，一直以来都是学界和实务界研究的重点和难点。在美国，反托拉斯法与专利法的交叉被认为是近几年美国反托拉斯法领域中最吸引学术关注的部分。众所周知，反垄断法和专利法都具有促进竞争和创新的功能，但具体如何实施与平衡两法间的关系在实践中却非常困难。本节将试图在厘清两法之间关系的基础上，探讨两者在制药行业内的结合问题。

2.2.1.1 反垄断法与专利法各自的目标

反垄断法与专利法各自具有不同的制度目标。有观点认为反垄断法的目标是通过促进市场竞争和阻却企业的反竞争行为从而促进消费者福利。当市场中的消费者能够以较低的价格获取相同的商品或以相同的价格获取更高质量的商品时，消费者福利就会增加；此外，当消费者对商品的选择权扩大时，消费者福利也会增加。但是，针对反垄断法目标的另一种观点则认为，反垄断法保护的不是个别企业或者某些竞争者，而是市场竞争本身。比如，在竞争法执法力度较强的欧盟，关于竞争法保护的首要目标问题，仅支持“消费者福利”而不是“整体社会福利”的观点并没有得到欧洲联盟法院（Court of Justice of the European Union，JEU 或 ECJ）的支持。因为欧洲联盟法院已经明确地表明了竞争法旨在保护竞争性的市场结构而不是“竞争者”或者“消费者”本身。所以，某一限制性竞争行为对于“消费者福利”的负面影响虽然应当予以考虑，但不应当作为确定整体反竞争行为时的决定性因素，上述这种传统的观念在实际适用过程中仍会屈从于短期消费者福利目标。在我国，《中华人民共和国反垄断法》第一条对立法目的作出了明确规定，即“为了预防和制止垄断行为，保护市场公平竞争，鼓励创新，提高经济运行效率，维护消费者利益和社会公共利益，促进社会主义市场经济健康发展，制定本法。”① 虽然我国反垄断法支持的是多重目标，但笔者认为，立法体现的首要目标仍然是保护市场公平竞争，直接结果是可以带来消费者福利的增加乃至社会经济的整体向前发展。

专利制度中素有“发明换公开”一说，意指一项发明被授予一定时期的垄断权（又称排他权），在此期间内发明人可以获得高额的垄断利润，但必须以公开其发明步骤并可以教导其他人在此基础上继续进行发明创造为条件。这种因垄断而获取的高额价格虽然对消费者不利，但它通过有限的专利保护期间和“可专利性标准”的授权控制及发明需充分公开的要求而得到了抵销。专利制度设立的本意正是通过授予发明人一定时间的排他垄断权来激励创新，在排他权期限内，权利人可以对其技术或产品收取高于竞争水平之上的价格来收回创新的前期研发成本。这是因为产品的研发成本一般被视为沉淀成本（sunk cost），如果没有专利制度的后期保护，其他竞争者将很容易迅速模仿该技术并将市场价格拉低至边际成本（marginal cost）的水平，且其中还不包括沉淀成本。假设生产的边际成本是固定的，如果出现了上述情形，发明人将会无法收回其巨额创新研发成本，创新也就因此受到阻却。为避免这种情形的发生，专利制度才授予发明人一定时间的排他权，并为他们提供了能从事创新研发的资金激励。在现代社会中，创新被普遍视为经济增长的引擎。根据这一原则，在涉及专利的领域，反垄断政策似乎应当

①《中华人民共和国反垄断法》第 1 条。

顺从于专利政策，除非有明确证据表明其行为存在限制竞争的损害。

反垄断法和专利法的冲突产生于两者所持有的方法不同，但这些方法旨在达到互惠的目标；反垄断法禁止不合理地限制竞争，专利法则授予发明人一段时间的垄断权以免受竞争性利用其专利权带来的损失。但不管怎样，“从总体上来看，专利法和反垄断法是一种对立、统一的关系：在对待专利这一垄断权的态度上，二者本来是矛盾的，但通过规定专利属于反垄断法的适用除外，这个矛盾就被化解掉了”[①]。

2.2.1.2　静态效率与动态效率

进行反垄断分析离不开经济学原理与具体案件的经济学分析，从经济学原理来看，反垄断法主要涉及“静态效率”（static efficiency，或称“短期消费者福利”），即商品和服务在市场短期内的分配。专利法主要涉及“动态效率”（dynamic efficiency），其是指一个市场或一个经济体产生创新的能力，专利法通过提供发明人一定时间的排他权来激励发明创造，在该排他权期间，权利人有权排除任何人生产或销售该发明创造的行为。这种排他权旨在允许专利权人对其创新采取超高定价，以便收回前期研发投资成本，而那些创新的使用者和最终消费者就不得不在短期内支付较高的价格。这种产生创新的经济能力被称为“动态效率”。如果从专利法的视角来看，“静态效率”因为顾及“动态效率”而被牺牲掉了[②]。这是关于反垄断法和专利法静态效率与动态效率的一般主张。

但是，著名专利法学者马克·莱姆利（Mark A. Lemley）教授曾认为，主张反托拉斯法关注静态效率而专利法追求动态效率这种区分是将问题给“简单化了”。莱姆利认为应当超越建立在认为竞争本身不能产生创新的“熊彼特假说”（Schumpeter's Hypotheces）上的观点，即认为只有通过垄断才能激励产品投资；因为已经有许多经济学证据表明了竞争本身就能激励创新而非通过垄断才行[③]。所以，单一的静态效率和动态效率的划分法是值得商榷的，再加上药品所涉及的公

① 郭德忠．专利许可的反垄断规制 [M]. 北京：知识产权出版社，2007.

② THOMAS C. Putting Innovation Incentives Back in the Patent-Antitrust Interface [J]. Northwestern Journal of Technology and Intellectual Property. 2013，11（5）：386-439.

③ MARK A. Lemley, Industry-Specific Antitrust Policy for Innovation, 2011 Columbia Business Law Review 637（2011）（also Stanford Law & Economics Olin Working Paper No. 397（2010））. https://law.stanford.edu/publications/industry-specific-antitrust-policy-for-innovation/

共利益问题决定了制药行业的反垄断法问题值得进行更深入的研究。

此外，“静态效率”与“动态效率”也可以用“静态竞争”（static competition）与“动态竞争”（dynamic competition）来表达。“静态竞争”是在某一个时间点上通过将价格拉低到边际成本来优化资源的分配效率；“动态竞争”典型的商业模式则是不同市场参与者通过发明创造来争夺产品替代者，而不是对同一发明进行模仿。但有些时候，“静态竞争”和“动态竞争”之间并没有一个明显的界限，正如戴维·蒂斯（David J.Teece）所指出的那样，“这两种形式的竞争没有清晰的界限来区分它们。”①

2.2.1.3 反垄断法与专利法关系的论述

2.2.1.3.1 长期的一致性

创新经济学家苏珊·斯科奇姆（Suzanne Scotchmer）认为，“专利法与反托拉斯法之间的冲突是一种短期冲突而非长期冲突，因为从长期来看专利法正是促进了创新，并提高了消费者福利；而消费者福利又正属于反托拉斯法的范畴，所以专利法和反托拉斯法之间没有根本的不一致”②。持类似观点的还有反托拉斯法学者赫伯特·霍温坎普（Herbert J. Hovenkamp），他将专利法和反托拉斯法之间的冲突视为“太言过其实了”。他认为，在大多数存在冲突的情况下，通过对专利政策和反托拉斯政策进行更加深入的理解有助于人们意识到两者间的冲突是并不存在的③。托马斯·程（Thomas Cheng）也认为，专利制度正在朝着正确的方向前进并开始抑制逐渐扩张的专利权，反垄断法就可以在其中起到一定的作用。反垄断法庭不应当因动态效率本身更加难以评估和反驳就回避该问题，而应当严格审查每一个促进竞争的理由。反垄断法庭低估了自身评估动态效率问题的能力④。我国学者王先林教授曾指出，“反垄断法在特定情况下适用于知识产权的行使行为，并不意味着对知识产权本身作为垄断权的基本性质的否定，而是在承认和保

① David J.Teece.Favoring Dynamic over Static Competition: Implications for Antiturst Analysis and Policy.Geoffrey A. Manne, Joshua D.Wright[M].Competition Policy and Patent Law under Uncertainty, Regulating Innovation, Cambridge University Press, 2014.

② Suzanne Scotchmer.Innovation and Incentives[M].MIT Press, 2004.

③ Herbert J.Hovenkamp.Restraints on Innovation, 29 Cardozo Law Review, 2007: 247-248.

④ Thomas Cheng.Putting Innovation Incentives Back in the Patent-Antitrust Interface, 11 Nw.J. Tech.&Intell.Prop.2013.

护这种权利的同时，防止其被滥用。”[①] 所以，在看待专利法与反垄断法交叉的问题上，这些学者倾向于关注两个法律部门长期目标的一致性和分工的合作性。

2.2.1.3.2 冲突性

虽然在论述反垄断法和专利法关系的文献中，一般认为反垄断法和专利法都能促进创新与竞争，但也有文献着重强调了两者之间的冲突，如路易斯·卡普洛（Louis Kaplow）教授将两种法律的冲突视为“比通常设想的更加根深蒂固”[②]；艾莉森·琼斯（Alison Jones）和布伦达·苏弗林（Brenda Sufrin）认为，考虑到专利法与反垄断法交叉呈现的特定政策问题已经在专利制度内部得到了解决，因此，反托拉斯法应当避免予以干涉[③]。利姆（Danyl Lim）则进一步批评了专利法和反托拉斯法交叉点中法理学观点的混乱（muddled）和过时（outdated），在专利法和反托拉斯法各自利益者之间存在着相互的不信任[④]。这种不信任更加加剧了两个部门法之间的冲突。而且，反垄断法作为经济宪法和自由企业的大宪章，主要就是通过保护竞争与竞争机制来避免和制止市场上的反竞争行为，让每个市场参与者都能获得公平公正的交易机会，其必然会关注专利权可能带来的这一负面经济效果[⑤]。

2.2.1.4 创新与反垄断法

“创新”和“发明”经常被作为同义词使用，但经济学家对两者仍有不同的定义。“发明”是指创造一个新技术或新产品，或对现有技术的重大提高；“创新”是指将一个新技术予以发展并且商业化，形成一个具体的商品或服务并有利于提升消费者福利[⑥]。可以说“创新”代表了“发明”的集合与产业化的过程和结

---

① 王先林.知识产权与反垄断法：知识产权滥用的反垄断问题研究（修订版）[M].北京：法律出版社，2008.

② Louis Kaplow.The Patent-Antitrust Intersection：A Reappraisal.Harvard Law Review.1984，Vol.97：1813.

③ Alison Jones，Brenda Sufrin.EC Competition Law Text，Cases，and Materials 3-10（3rd edition）[M].Oxford University Press，2008.

④ Darlyl Lim，Reverse Payments——Life After Actavis[J].IIC，2014（45）：1-5.

⑤ 李浩成.知识产权滥用反垄断立法规制的现状与重构[J].政法论丛，2013（3）：98-104.

⑥ Thomas Cheng.Putting Innovation Incentives Back in the Patent-Antitrust Interface[J]. 11 Northwestern Journal of Technology and Intellectual Property，2013，11：385-420.

果。如果"创新"的"社会福利"超过了其"社会成本"，那么一项"创新"就有利于社会发展和进步；否则，可能不利于社会发展和进步。对于反垄断法来说，这可能意味着反垄断法庭应当试图去确定"创新"的社会必要性，这将给未来的发明人传递出一个信号——需要认真评估其研发项目的"社会净福利"。托马斯·程认为，反垄断法庭将有助于重建专利制度恰当的功能并确保只有具备"社会净福利"的"创新"才应当是被支持的[①]。对于专利常青来说，某项二代专利的增量式创新是否为"社会福利"超过其"社会成本"，也可以由反垄断法执法机构或者反垄断法庭在个案中确定。

此外，关于反垄断法所保护的竞争与专利法所蕴含的创新之间的争论，可以追溯至经济学家约瑟夫·熊彼特（Joseph Alois Schumpeter）和肯尼斯·约瑟夫·阿罗（Kenneth J. Arrow）关于创新的经典之争。熊彼特认为，市场集中可以促进创新，市场的垄断力量可以产生创新能力并长期从创新中获益。[②]已有研究表明，规模经济（economies of scale）可能确实能降低大企业的创新成本，而这些大企业也更可能从事研发项目。和熊彼特的观点截然相反，阿罗则认为，竞争性的市场环境对促进创新来说更优，因为市场垄断力量会使企业剥削消费者，只有消灭市场垄断力量才能确保有效的资源分配；阿罗的经济学模型还显示了，那些不受实际或潜在竞争影响的垄断者与竞争性行业的公司相比，没有多少激励去投资研发新产品[③]。笔者则认为，无论是集中促进创新，还是竞争促进创新，都应当结合具体的产业特征及国家特定时期的经济政策和产业政策去考量。制药行业由于既涉及新药创新研发所要求赋予创新者合法垄断权这一私有领域，但也涉及顾及患者用药的药品可及性这一公共问题，所以制药行业的专利政策和反垄断政策显得更加复杂多样。

① Thomas Cheng.Putting Innovation Incentives Back in the Patent-Antitrust Interface，11 Nw.J.Tech.&Intell.Prop.385，2013.24.

② Schumpeter J A. Capitalism, Socialism and Democracy[M]. New York: Harper & Brothers, 1942: 81-106.

③ Frederic M. Scherer，David Ross.Industrial Market Structure and Economic Performance（2nd edition）[M].Houghton Mifflin Company，1980.

2.2.2 美国：专利权滥用原则

专利权滥用原则起源于英美法系国家衡平法中的“洁净之手”（clean hand）的理论，其是指在通过诉讼主张权利时，自身行为必须是无瑕的；其目的在于禁止专利权人在行使权利时不当扩大其专利权的权利范围。在美国法中，专利权滥用原则是一项抗辩性原则，所以其在专利侵权案件中一般由被告提出，原告如果确有专利权滥用情形，法院可以拒绝该专利权的强制执行力，除非原告能够消除该滥用情形。

在美国，专利权滥用原则经历了一个产生、兴起、被修正、重新流行、再受抑制的过程，从美国联邦巡回上诉法院对待专利权滥用原则的态度来看，专利权滥用原则仍然受到了很大的限制。在目前知识经济和创新经济的大背景下，美国多年来保持其竞争力的最重要资本就是知识产权，尤其是专利权。以“亲专利”（patent friendly）著称的联邦巡回上诉法院（United States Court of Appeals for the Federal Circuit，CAFC）的裁判态度，也表明了其选择更多保护专利权人利益，并慎重适用专利权滥用原则。

外国有学者进一步从专利权滥用（patent misuse）的角度进行了深入分析，认为在专利法和竞争法领域内一个重要的交叉点就是“专利权滥用”问题。当专利权人超出其“权利范围”行使专利权时，侵权人就可以将“专利权滥用”原则作为抗辩的一个理由予以运用；“专利权滥用原则”的产生基于这样一个事实——专利权授权并激励创新的作用需要由其他的相关利益来平衡，而不被扭曲的竞争就是其中的利益之一。

所以，当知识产权行使行为违反反垄断法时，必然存在知识产权的滥用，但反过来并不一定成立，因为“知识产权滥用原则所体现的公共政策除了竞争政策（反垄断法是其核心内容）外，还包括创新政策和表达自由政策等”[①]。具体到专利领域，当专利权的行使违反反垄断法时，存在专利权的滥用；相反，当专利权被滥用时，则不必然违反反垄断法。所以，当我们分析反向支付协议和专利常青行为是否违反反垄断法时，需明确的是个案中出现的这两个行为虽然可能都属于专利权的滥用行为，但不一定都违反反垄断法。因为是否构成反垄断法意义上的违法行为，还需要依据反垄断法中有关“垄断协议”和“支配地位滥用”的条款具体加以分析。

① 王先林．中国反垄断法应如何对待知识产权问题 [J]. 科技与法律，2007（3）：30-33.

2.2.3 欧盟："权利存在"与"权利行使"二分法

与美国反托拉斯法不同，欧盟并不将知识产权视为竞争法的例外，而是认为知识产权是竞争法规制的组成部分。但在欧盟竞争法中一直奉行着"知识产权存在"（IP existence）与"知识产权行使"（IP exercise）二分法。依据惯例，欧盟竞争法仅规制知识产权的"行使"行为。有观点认为知识产权的"权利存在"与"权利行使"二分法将继续主导欧盟委员会适用竞争法的规则[①]。正如路克·匹配科恩（Luc Poeperkorn）所说的那样："尽管知识产权存在本身一般不应受到竞争法的规制，但知识产权的运用和行使要受到竞争法的审查。"[②]但也有观点认为，这种二分法是"模糊的、人为设立的，以及无用的"[③]。

在欧盟专利法判例中，早已确立了仅拥有知识产权并不被视为拥有支配地位的观点。对于此观点，欧洲联盟法院基于多个判例得出结论："知识产权的行使"可能确实被视为《欧盟运行条约》（Treaty on the Functioning of the European Union，TFEU）第102条的滥用，但仅存在于特殊情况下，在那些特殊情况下。知识产权可能被视为"瓶颈垄断"（bottleneck monopoly）或者欧盟委员会所称的"关键设施"（essential circumstances）。所以，竞争者对知识产权的获取对于竞争对手来说是必需的，因为"不存在实际或潜在的替代品"[④]。所以，《欧盟运行条约》第101条和第102条并没有给予知识产权相关问题以豁免。

但是，药企的策略性专利申请行为（药品专利常青）也可能需要竞争法的规制，这表明了专利权的获得也有可能被视为一种支配地位的滥用行为。故而"知识产权存在"与"知识产权行使"的二分法应当被重新予以审视，这也是本书将反向支付协议与专利常青行为放在一起分析的重要原因——旨在通过分析相对传统的反向支付协议（涉及垄断协议）和有新发展样式的药品专利常青（涉及支配

---

① Nordlander K，Spinks S，Austin S.The Interplay of Patenting Strategies and Competition Law in the Pharmaceutical Sector Inquiry[J].Antitrust Chronicle，2009，1（2）：4.

② Luc Peeperkorn.IP Licences and Competition Rules：Striking the Right Balance[M].World Competition，2003，26（4）：527-539.

③ Katarzyna Czapracka.Intellectual Property and the Limits of Antitrust：A Comparative Study of US and EU Approaches[M].Edward Elgar Publishing Limited，2009：52.

④ Irina Haracoglou.Competition Law and Patents—A Follow-on Innovation Perspective in the Biopharmaceutica Industry[M].Edward Elgar Publishing，2008：78.

地位滥用），来对比反垄断规制在不同时期、不同行业和不同历史发展阶段所体现出来的不同。

2.2.4 专利、反垄断与药品注册管理的结合

加拿大竞争局最近推出的《知识产权实施指南》中明确指出，“没有其他产业像制药产业一样经历着来自知识产权法和竞争法交叉如此巨大的挑战了”，这也正是药品领域的特殊之处。该指南也同时指出，在制药行业中反垄断法与知识产权法交叉的最主要的两种行为就是反向支付协议与药品专利常青行为。

专利、反垄断和药品注册管理三者的交叉体现在原研药企业利用所拥有的药品专利权延缓仿制药上市或排斥其他原研药企竞争的反垄断规制问题上。在这个领域涉及三个方面的法律制度：专利法、反垄断法与药品注册管理法。专利制度的主要目的在于保护发明创造和激励创新产生；反垄断制度的主要目的在于促进市场公平竞争；药品注册管理制度的主要目的在于保证药品的安全性、可靠性与可控性（药品三性）。专利权人拥有专利制度所赋予的排他权，如果权利人一旦滥用这种排他权延缓了/阻止了或旨在延缓/阻止仿制药注册申请并及时上市销售，是有可能受到反垄断执法机构审查的。三个部门法由此交叉在一起，本书所讨论的反向支付协议和药品专利常青正处于三者的交叉点上（见图 2-1）。

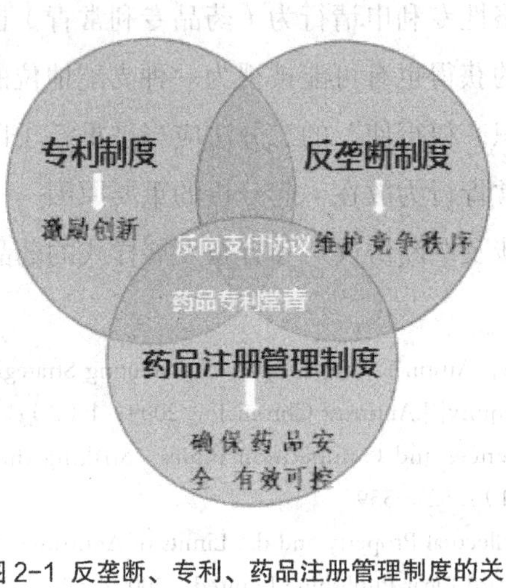

图 2-1 反垄断、专利、药品注册管理制度的关系

（资料来源：自绘）

对于本书所要探讨的第一种行为——反向支付协议注册，以美国为例，原研药企利用 1984 年 Hatch-Waxman ACT 法案中赋予首仿者 180 天的市场排他期制度，在专利侵权诉讼中与首仿药企签订反向支付协议，首仿药企承诺一定时期内不上市销售仿制药。这种延缓性质的协议对后续其他的仿制药申请者形成了一个“瓶颈作用”，使药品市场的价格竞争被人为抑制了，因此可能招致反垄断机构的审查。对于本书所要探讨的第二种行为——药品专利常青，原研药企围绕基础药品专利申请并上市大量的二代专利药品，尤其是原研药企还伴随有从市场上撤回一代产品的“药产品转换行为”，阻止了仿制药企按照原有一代创新药品依据“生物等效性”规则递交仿制药注册申请的行为，对于市场上药品价格的静态竞争造成了不利影响，也有可能招致反垄断机构的审查。

从专利法角度看，药品专利权人拥有 20 年的排他权并能获得合法的垄断利润；从反垄断法角度看，要分析药品专利权人与仿制药企间的双边垄断协议行为及药品专利权人支配地位滥用的专利常青行为是否违反了反垄断法的规定；从药品注册管理法角度看，对原研药和仿制药上市许可的审批制度设计也影响着反竞争行为的出现。首先，从原研药企与仿制药企达成的反向支付协议看，这种协议目前已经在美国、欧盟及其他多个国家获得了巨大的关注。美国联邦贸易委员会在过去二十多年间对反向支付协议进行了严厉的打击并引发了美国联邦最高法院（Supreme Court of the United States）对反向支付协议案件的终审判决；欧盟也自 2008 年对制药行业的竞争状况展开了调查，并于 2010 年开始对制药行业达成的专利和解协议发布了年度监控报告；而其他国家如加拿大、巴西、意大利也陆续有涉及反向支付协议的行政调查和司法案例。其次，有关原研药企二代专利常青问题也引发了世界各国（地区）竞争主管机构的关注，尤其是美国法院和加拿大法院针对“药产品转换行为”作出了几个意义深远的反托拉斯判决，对于这种专利常青行为是否构成原研药企支配地位的滥用也是本书拟深入探讨的问题。

2.3 两种药品专利排斥竞争行为：反向支付协议与药品专利常青概述

2.3.1 反向支付协议与药品专利常青的定义

2.3.1.1 反向支付协议的定义

“反向支付协议”（reverse payment 或者 pay-for-delay），又被称为“专利和解协议”（patent settlement agreements），是指在专利司法诉讼中为了结束冗长耗财的专利侵权诉讼案件，原研药企向仿制药企支付一定现金或其他形式的补偿，而仿制药企承诺在一定时间内不进入药品市场参与竞争的一种协议。被称为“反向”的原因是：在其他知识产权侵权案件中，通常都是由侵权者向权利人支付损害赔偿金额，但反向支付协议是由权利人原研药企向可能侵权人仿制药企进行支付的行为，从资金流向上看是相反的方向。

2.3.1.2 药品专利常青的定义

针对药品专利常青，迄今为止仍然没有一个统一的定义，有观点认为“常青”两个字带有贬义色彩，但这仍然阻挡不了产业界人士为主张竞争性的药品市场而继续使用该称谓；不过，也有文献采用了相对更加中性的说法，即“产品重制”（product reformulation）。鉴于笔者搜集到的相关文献中仍多使用“常青”这一称谓，并多将“专利常青”与“产品转换”等同使用，故本书也效仿采之。需要明确的是，“药品专利常青”并不是一个瞬间发生的行为，而是一个过程，包括原研药企为准备二代药品进行的研发试验，专利申请，专利授权后在市场中上市，以及最终撤市一代药品专利的一系列行为。本书中使用的“药品专利常青”是一个相对狭窄的概念，其是指：“专利权人在原始专利（基本专利或一代专利）基础上策略性地提交专利申请，不当利用专利法及相关法规以延长药品专利垄断权的行为，尤其指针对创新药企高盈利专利药品的专利常青问题。”[①]“专利常青”中“常青”二字体现了原研药企的市场竞争策略，并非指某个专利的申请行为，而是指基于同一药品的一系列“组合专利”申请。“常青”是专利申请的一个方面，它导致了专利生命周期延长，一般由原研药企在药分子基础上部署专利组合。“专利常青”一般包括获得覆盖同一产品不同方面的多个专利，如药品活性成分、制剂、医学治疗方法、制备方法、化学中间体、包装、药物机理作用、筛选法、生物制剂等[②]。当原研药企的专利常青行为对市场竞争状况造成不利影响时，有可能受到反垄断法管制。

2.3.2 反向支付协议与药品专利常青的反垄断规制

基于专利权的特征与药品公共利益需求之间的固有矛盾，专利制度本身似乎很难与药品可及性问题完全调和，这也就是为什么民众对制药行业的竞争规制期望非常高。妮可莱塔·托米宁（Nicoleta Tuominen）认为，“专利制度本身越是无效率，在制药行业扩张性适用反垄断法的风险也就越大”[③]。德国竞争法学者约瑟夫·德雷克斯勒（Joseph Drexl）指出，“竞争执法机构一般是维护静态竞争和打击价格卡特尔的，但正是静态效率和动态效率的复杂关系才使得竞争执法机构很难将竞争法适用于高度依赖知识产权的制药行业”[④]。因此，考虑到制药行业的特殊性，应当对制药行业采用与其他行业相区别的竞争规则。

2009年，欧盟对制药行业竞争状况调查的最终报告一开始就说明了，知识产

① Inderjit Singh Bansal，Deeptymaya Sahu，Gautam Bakshi，Sukhieet Singh.Evergreening—A Controversial Issue in Pharma Milieu[J]. Journal of Intellectual Property Rights，2009，14（2）：298–299.

② Thomas R.Patent “Evergreening”：Issues in Innovation and Competition[J].Congressional Research Service，2009，1（1）：10–11.

③ Nicoleta Tuominen.Patenting Strategies of the EU Pharmaceutical Industry：Regular Business Practice or Abuse of Dominance[J].World Competition Law and Economics Review，Kluwer Law International，2012，35（1）：27.

④ Joseph Drexl. Static vs. Dynamic Efficiency in Pharma Markets: The Challenge for Competition Authorities[J]. IIC – International Review of Intellectual Property and Competition Law，2018，49（5）：546–571.

权和竞争都是为了促进创新和维护竞争性的市场，两者并不矛盾[①]。但为何原研药企的反向支付协议和药品专利常青行为依据专利法来判断时，大多是合法的；而基于反垄断法来判断时，则可能是非法的呢？因为专利与竞争这两种制度虽然具有相同的目标，但也具有不兼容性。需要思考的问题是，用反垄断法规制药品专利权的滥用行为会带来哪些影响？有观点认为，欧盟委员会需要慎重考虑将竞争法规则适用到原研药企的竞争策略行为上时会带来的不良后果，原研药企可能会逃离欧洲，因此不能以牺牲知识产权为代价来一味地促进竞争。正如弗雷德里科·艾特罗（Federico Etro）所辩称的那样，有关竞争的超高定价等量化效果是可以观察和测算的，其比确定激励创新的因素要简单，因为后者需要进行更加深入的评估，通常情况下更难[②]。所以，当面临竞争案件调查或在竞争司法案例中，制药企业可能会发现，那些在主张当前具有明显反竞争效果而未来具有显著促进创新效果行为的合法性问题时就变得更加困难。

2.3.3 反向支付协议与药品专利常青的关系

第一，二者都是由原研药企主导的。反向支付协议与药品专利常青两种行为都是原研药企主导的针对仿制药企采取的企业竞争策略，该策略的主要目的不是提高自身药产品的质量和促进药品创新与消费者福利，而是排除仿制药企的市场竞争，以达到延长药品专利保护期并继续获得专利药品高额垄断利润的目的。

第二，二者都依托于原研药企已有的药品专利。众所周知，专利赋予专利权人一定时期的独占权，在此期间权利人具有禁止他人使用、制造、销售、许诺销售该项权利的权力，并因此获得垄断利益。药品专利尤其如此，高额且长期的研发费用决定了，制药企业迫切希望依托专利权的保护收回前期巨额投资，甚至不惜采用非法的竞争策略延长独占权。

第三，二者都可能对仿制药的竞争产生排斥、抑制等不利影响，可能分别违反反垄断法中的垄断协议部分和支配地位滥用规制的条款。

第四，二者的同时存在会互相便利于另一种行为的竞争排斥作用，并因此加

① EU Commission，Directorate-General for Competition. Pharmaceutical sector inquiry final report[R]. Brussels：European Commission，2009：56.

② Federico Etro.Competition, Innovation，and the Economics of Market Dominance[J]. Journal of Economic Surveys，2014，28（3）：451-471.

大对药品市场竞争的不利影响。因为，反向支付协议可以被用来便利药品专利常青行为的实施，即反向支付协议可以在一定时期内阻止仿制药企专利挑战的发生，并因此给予原研药企一定的时间来从事药品专利的常青行为。所以，反向支付协议允许原研药企得以确保一个产品转换策略的有效性，否则原研药企将面临仿制药竞争和低价药品带来的风险。反过来，药品专利常青行为的发生，也可能会促使企业进一步达成反向支付协议，因为专利常青为进一步反向支付协议的达成提供了权利基石，这可能会进一步损害药品市场的公平竞争，并可能会导致一个恶性循环。

2.4　小结

本章就原研药企和仿制药企的定义、特征、现状、困境与前景等问题进行了系统的阐述和介绍，分析了反垄断法和专利法之间的关系与冲突，拟为后文具体介绍原研药企的反向支付协议和药品专利常青行为奠定基础。虽然目前我国药品市场主要以仿制药为主，但专利药品的数量和质量正在提高。西方制药强国出现的反向支付协议和药品专利常青反垄断问题虽然在我国还没有大规模发生，但在国家提高仿制药质量工程及鼓励我国本土原研药企申请药品专利和挑战药品专利的过程中，可能存在药品专利权人滥用专利权排斥阻碍仿制药生产者进入市场竞争的反向支付协议和药品专利常青行为，这种情况需要由反垄断法进行干预。尤其是在最近和未来短时期内，在知识产权反垄断领域中，美国之前偏向专利权的做法与欧盟偏向竞争法的做法将会慢慢走向融合，也就是说“钟摆指向了知识产权和竞争保护更加平衡的那个区间”①。所以，分析和了解其他国家和法域的做法，对于未来我国反垄断法规制这两种可能的限制性竞争行为有着重要的借鉴意义。

① Glenn B.Manishin，Stephen Y.Wu.Recent Development in Antitrust Law[M]. Aspatore，2013：102.

第3章 美国规制反向支付协议的做法

“专利权人的任何行为，或专利权人与仿制药企一同从事的任何行为，哪怕只是轻微地延缓了仿制药的进入，都有可能引起政府主管部门和私人反托拉斯律师提起反托拉斯指控。”[①]

3.1 反向支付协议在美国产生的背景

3.1.1 反向支付协议的特征

在美国，“反向支付协议”与其他普通和解协议的区别主要体现在两点。一是救济可能主要取决于法庭的专业知识，认为法院可以正确地分析竞争者间的协议；法院可以确定是否反向支付协议代表了一个对资产价值或高额支付以延缓市场进入的客观评估。这类分析比在专利侵权案中确定合理许可费要容易得多，因为法院在计算合理的专利许可费时需要构建一个“假定的许可谈判”来决定侵权人如何支付赔偿金，需要考虑的因素有其他类似专利的许可费率、该发明的重要程度、专家证言等。二是这种类型的协议创设了一个市场进入障碍的独特能力，而其他的和解协议并不阻止第三方挑战专利权利，恰恰是在美国1984年《促进药品价格竞争与专利保护期延长法》（Hatch-Waxman Act，下文简称HWA法）的语境下，这种反向支付协议才可以延迟其他非首仿者仿制药企的挑战。而且，当

① Kenneth L.Dorsney.ANDA Litigation，Strategies and Tactics for Pharmaceutical Patent Litigators [M]. American Bar Association Section of Intellectual Property Law，2020：287.

原研药企与第一个仿制药申请者达成和解后，后续的仿制药企将没有多少动力挑战专利，因为它们的行政审批程序将会因此滞后，它们无法获得 180 天的市场排他期，因为它们必须受制于（等待）第一个仿制者诉讼的结果。

目前在美国，原研药企与仿制药企之间达成的反向支付协议既包括现金支付（cash payment）形式，也包括非现金支付（non-cash payment）形式，比如包含原研药企承诺不推出自己所有的授权仿制药（No-Authorized Generic，No-AG）与仿制药企竞争，以及复杂的供给协议及营销与广告协议。反向支付协议最早产生于美国，其出现与美国特殊的药品管理制度密不可分，下文将对美国药品管理制度的特征与历史进行详细阐述。

3.1.2　美国特殊的药品管理制度

3.1.2.1　HWA 法的背景和基本内容

根据美国《联邦食品药品与化妆品法》（Federal Food Drug and Cosmetic Act）的规定，任何处方药在上市前都必须获得美国食品药品管理局（FDA）的批准。该法还要求新药品申请必须包括有关药品的详细信息，包括“药品成分”“调查报告”“安全性和有效性”，并“对于药品的生产和包装程序有详细的描述”以及“使用标签的规格”。这是一个相当耗时耗财的过程。如果 FDA 批准了某一“新药申请”（New Drug Application，NDA），便将该药品和其专利信息发布在被称为“橘皮书”（全称为 The Approved Drug Products with Therapeutic Equivalence Evaluations，简称 Orange Book）的出版物上。“橘皮书”也针对每一个原研药列举出每一个未过期的管制排他权和批准的具有治疗等同性的仿制药。而备受争议的“反向支付协议”的产生是美国 1984 年《促进药品价格竞争与专利保护期延长法》（根据该法的提案人命名，本法简称为 Hatch-Waxman Act，后文简称为 HWA）的自然产物，因为 HWA 的立法目的之一就在于鼓励仿制药生产者挑战原研药企的弱专利（weak patent），鼓励仿制药企在原研药企药品专利到期前就进入市场，提供低价且具有“生物等效性”的仿制药品，为药品消费者提供价格福利。其具体程序性规定是：仿制药企在向美国食品药品管理局（FDA）提出“简略新药申请”时无须再单独提交自己的临床和试验数据，只要证明所提交的仿制药与原研药企提交的“新药申请”涉及的药品在活性成分上是一致的，即证明仿制药与创新药之间具有“生物等同性”，即可被FDA批准上市。这一制度允许仿制药申请者依赖已有的专利药品的“有效性”和“安全性”测试结果，因此减少了仿制药竞争者的管理成本。

如果仿制药企根据《联邦食品、药品与化妆品法》的规定，想要在专利到期前进入市场，就可以凭借“第四段声明”（paragraph IV）——声明“原研药专利无效或者仿制药不侵权”[①]，向FDA提出“简略新药申请”[②]，并将该声明的发布信息及时通知原研药企。原研药企可以在45天内决定是否对仿制药企提起专利侵权诉讼，随即FDA决定是否中止仿制药审批程序，直到出现如下情形之一：①法院作出判决之日，即橘皮书所列药品专利要么无效，要么仿制药企不侵权；②法院作出侵权判决时，橘皮书所列专利到期；③橘皮书专利的权利人收到“第四段声明”之日起满30个月。如果专利权人没有提起诉讼，FDA即可继续进行该仿制药的审批工作。这种仿制药企“声明程序”的核心特征就是将申请FDA上市许可的请求视为一种“人造的”（artificial）的专利侵权行为。这一特征的目的是在仿制药进入市场前通过司法途径解决专利权的效力、可执行性和侵权问题。[③]这种要求FDA在审核仿制药申请时考虑橘皮书中所列专利的做法就是“专利链接”制度（patent linkage）。

所以，HWA法的这种制度安排“给予了原研药企基于专利侵权原因质疑仿制药上市申请的能力。”[④]此外，更为重要的是，为了鼓励仿制药企积极挑战专利，HWA法还规定授予给第一个向FDA提交“第四段声明”并进而获得药品上市申

① 美国食品药品监督管理局设立了新药专利链接制度，即“橘皮书”制度，其中列明已批准新药的专利信息（该信息由新药制造商提供），一共有四种声明：声明Ⅰ指该新药在橘皮书中无专利；声明Ⅱ指该新药在橘皮书中有专利，但该专利已经失效；声明Ⅲ指在相关专利失效前，不要求FDA批准该仿制药；声明Ⅳ指原研药的专利无效或者仿制药不侵权。参见：21U.S.C. § 355（j）（2）（A）（vii）（I）-（IV）. 其中，声明Ⅰ和声明Ⅱ的ANDA在满足了所有管制和技术上的要求后将很快得到批准；声明Ⅲ的简略新药申请即使在满足了相关管制和技术要求后，也要等到所列药品专利都到期后才能够得到批准。

②“简略新药申请”本身被视为是一种潜在的专利侵权行为。

③ Swapnil Khadke.Patent Law&Its Application to the Pharmaceutical Industry[M].LAMBERT Academic Publishing，2013：89-90.

④ Scott Hemphill，Mark A.Lemley.Earning Exclusivity：Generic Drug Incentives and the Hatch——Waxman Act[J].Antitrust Law Journal，2011（77）：947；952.

请的仿制药企 180 天的市场排他期，在此期间内 FDA 不再批准其他仿制药企的"简略新药申请"。180 天市场排他期的计算始于仿制药正式上市那一天或者法院作出判决那一天。HWA 法中设立排他期的目的是激励首仿者提起专利侵权诉讼[①]。这一制度极大地鼓励着仿制药企向原研药企的专利进行挑战。因为 180 天的市场排他期非常有价值，第一个仿制药申请者通常能在 180 天的市场排他期内赚取高额利润。有数据显示，"一般而言，大多数仿制药企预计能在 180 天的市场排他期内获得 60%～80% 的潜在收益。"[②] 因此，HWA 法的这一制度极大地激励着各个仿制药企争当首仿者。

综上，HWA 法是美国立法机构针对专利法与反托拉斯法调和所展现出的一种特殊观点，该法所保持的平衡强调了仿制药竞争和挑战专利的重要性[③]。当然，为了平衡原研药企的利益诉求，HWA 法也引入了原研药专利保护期延长制度，最长不超过 5 年。

3.1.2.2 HWA 法在实施中出现的问题

从具体药品市场来看，一旦多个仿制药企相继进入同一个药品市场，药品价格通常会大幅下降，越多的仿制药竞争者进入，药品价格会被拉得越低。以治疗高胆固醇的品牌名为 Zocor 的明星药 simvastatin（一般指辛伐他汀）为例，其第一个仿制药于 2006 年 6 月获批上市。到 2007 年初，simvastatin 的仿制药一个月用量价格不到 7 美元，而原研药 Zocor 的价格超过了 150 美元[④]。随着药品价格的下跌，药品的数量也在增加，比如在 simvastatin 的仿制药上市的 18 个月内，其处方药增加了 70 %[⑤]。

---

① Elizabeth S Weiswasser，Danzis Scott D.The Hatch-Waxman Act：History，Structure，and Legacy[J].Antitrust Law Journal，2003（71）：585-603.

② Daniel F.Coughlin，Rochelle A. Dede.Hatch-Waxman Game-playing from a Generic Manufacturer Perspecitve[J].Biotech.L.Rep，2006（25）：525-526.

③ Michael A.Carrier. Innovation for the 21st Century Harnessing the Power of Intellectual Property and Antitrust Law[M]. Oxford University Press，2009：152-153.

④ Sarah Rubenstein.Why Generic Doesn't Always Mean Cheap[N]. The Wall Street Journal，2007-03-13（B1）.（其中报道了在美国日 用品零售店 CVS 中，20mg 剂量的原研药 Zocor30 片的零售价是 154.99 美元，而在另一家零售店 Sam's Club 中 simvastatin 仿制药仅为 6.97 美元。）

⑤ Murray Aitken，Ernst R. Berndt，David M. Cutler.Prescription Drug Spending Trends in the United States：Looking Beyond the Turning Point[J].Health Affairs，2008（151）：156-158.

HWA法的颁布对于美国仿制药可及性产生了积极作用，但自HWA法颁布以来，180天的市场排他期却被药企滥用，反而限制了仿制药市场的竞争。因此，有观点提出，只应把180天排他期授予给那些在专利诉讼中成功击败专利权人的仿制药企，即给予第一个赢得诉讼的仿制药企180天排他期，而不是给予第一个递交“简略新药申请”的仿制药企。还有观点认为，不应把180天排他期授予给第一个ANDA申请者，而应当授予给第一个成功进入市场的仿制药企，不论它们最终是如何进入市场的（或者通过挑战专利，或者与权利人和解，或者从未被诉）。

HWA法下典型的“反向支付协议”就发生在仿制药生产者向FDA递交了一份带有“第四声明”的“简略新药申请”，并在随后签订的协议中获得原研药企提供的资金。回顾1984年HWA法的立法背景和目的，一个重要的观点认为HWA法一直以来都被认为是一个立法上的平衡，即一方面允许仿制药企依据原研药企新药申请的安全性和有效性数据基础提交仿制药简略申请，同时也授予原研药企获得一定期限的数据专有权保护和专利期延长保护。但从美国这些年来频频发生的“反向支付协议”来看，这种平衡似乎早已经被打破了。

3.1.2.3 HWA法2003年的修订

为应对HWA法在实践中出现的上述问题，并完善1984年HWA法，美国国会2003年颁布了《医疗保险处方药促进和现代化法案》（Medicare Prescription Drug, Improvement, and Modernization Act，MMA），MMA主要包含两大内容。一是规定了专利和解协议的报告制度，即凡涉及反向支付的和解协议都必须向联邦贸易委员会和司法部（Department of Justice，DOJ）递交副本报告。由此，FTC和DOJ得以监控和分析反向支付协议的性质并判断是否涉嫌违反反托拉斯法。根据MMA的规定，以下类型的协议将引发法定的通知义务：①在仿制药申请时，制造、推广或销售相关的原研药；②制造、推广或销售已经递交ANDA申请的仿制药；③涉及ANDA申请的180天市场排他期，或针对同一原研药提起的另一个ANDA申请。此外，MMA还规定了无须申报的协议类型，即仅包含购买原材料设备和设施的合同、雇佣或咨询合同、包装或贴标签的合同都不需要向FTC和DOJ申报。MMA规定的另一个内容是首仿者丧失180天市场排他期的情形：①仿制药的首仿者无法上市的；②仿制药企撤回仿制药上市申请的；③仿制药的首仿者对涉及专利的声明进行修改的；④仿制药的首仿者无法在 30 个月内从 FDA 获得临时审批的；⑤仿制药的首仿者与另一个仿制药申请者、原研药生产者或者专利权人达成协议，而且由联邦贸易委员会或上诉法院作出终审判决该协议违反反托拉斯法的；⑥所有相关专利保护期都到期的。MMA 规定的报告通知义务及丧失 180 天市场排他期的情形，对于监控和遏制反向支付协议在美国的发生起到了一定的积极作用。

3.1.2.4　HWA 法对美国制药市场的影响与评价

3.1.2.4.1　对仿制药的影响与评价

许多专家都认可了 MMA 法对于促进仿制药可获得性的积极作用。“正是由于 HWA 法的颁布，仿制药企才可以在专利到期后迅速进入市场，并且是大规模地进入。在该法颁布之前，只有 35 % 的市场畅销药品在专利到期后有仿制药竞争者，而现在几乎所有的畅销药品在专利到期后都有仿制药竞争者。”① 约瑟夫 · 加布里埃尔（Joseph M. Cabriel）经分析后指出，2012 年美国所有处方药中有 84 % 都是仿制药②。需要注意的是，在衡量仿制药的市场份额时不仅涉及价格因素，还包括消费者对仿制药的质量认知、仿制药的市场先占权等。此外，因低价仿制药比例的上升，HWA 法对节省医疗开支的影响也尤为显著。因为仿制药的可获得性，美国医疗体系仅在 2011 年一年就节省了 192.8 亿美元③。当然，HWA 法对美国仿制药市场的影响也并非皆为正面声音，也有观点认为该法并没有将药品可及性作为最主要的目标④。无论如何，从美国国内仿制药市场份额的大幅增长数据来看，HWA 法对仿制药的影响是巨大的。

---

① Genetic Pharmaceutical Association，Annual Report，2015.http：//www.gphaoline.org.

② Joseph M.Gabriel.Medical Monopoly：Intellectual Property Rights and the Origins of the Modern Pharmaceutical Industry[M].The University of Chicago Press，2014.

③ Generic Pharmaceutical Association.Generic Drug Savings in the U.S.Fourth Annual Edition：Savings $ 1　Trillion Over 10 Years，GPHA 1，3（2012）.http：//www.gphaonline.org/media/cms/IMSStudy Aug2012WEB.pdf.

④ Generic Pharmaceutical Association. Generic Drug Savings in the U.S.Fourth Annual Edition：Savings$1Trillion Over 10 Years，GPHA 1，3（2012）.http：//www.gphaonline.org/media/cms/IMSStudy Aug2012WEB.pdf.

3.1.2.4.2　对原研药的影响与评价

如上所述，1984 年 HWA 法对仿制药的影响是十分显著的，但对创新药的影响却比较复杂。有观点认为，HWA 法并没有达到其所预期的仿制药市场进入和支持持续创新的双重目标，该法案虽有利于仿制药企，但却以损害新药或二代药的创新为代价[①]。但无论如何，仿制药的市场进入挤占了原研药的市场份额，格拉博夫斯基和他同事的研究就表明，在 HWA 法颁布几年后，即 1989 年至 1990 年之间原研药失去了其市场份额的 31 %，在 1993 年的前 6 个月中，则失去了高达 50 % 的市场份额，那些较有名的畅销药品在专利到期一年内就失去了 90 % 的销售额[②]。

一般观点还是认为 HWA 法的出台总体上并没有抑制新药的研发和上市。根据一些数据及获批新药和研发中新药的数量分析，可以看出美国制药产业是在持续创新的。但一些学者认为面临专利权到期和开发新替代药品的渴求才是创新的动因，而不是 1984 年法律中所赋予的专利权延长制度。

3.2　美国规制反向支付协议的行政、立法和司法实践

3.2.1　反托拉斯行政机构 FTC 对反向支付协议的打击

3.2.1.1　早期实践经验

在美国，反向支付协议反映出了专利、反托拉斯、FDA 和 HWA 法之间交叉的复杂关系。作为美国反托拉斯法执法机构之一的 FTC，不仅在规制药企的反向支付协议方面，而且在整个 20 世纪美国制药产业的发展历史中，都扮演了塑造药品市场的重要角色。在两次世界大战期间，FTC 积极地抑制制药产业的不公平竞争行为，包括转售价格维持、低价倾销及其他垄断性或不公平操控商品价格的

① Swapnil Khadke.Patent Law&Its Application to the Pharmaceutical Industry[M].LAMBERT Academic Publishing，2013.

② Henry G.Grabowski.The Effect of the 1984 Hatch-Waxman Act on Generic Competition and Drug Innovation[R]. Testimony before the Senate Committee on the Judiciary，March 5，1996：8.

行为。此外，FTC 还关注了药企的不公平广告行为。1941 年，FTC 曾对一些公司进行了调查，认为它们与德国某公司达成非法的专利协议，在一定程度上限制了贸易。在第二次世界大战后的几十年间（1945 年至 1970 年代中后期），FTC 作为托拉斯行为的管制者继续调查和试图压制企业间的共谋安排，如不合理高价和其他垄断性专利申请行为。比如，从 1959 年末到 1963 年，参议员埃斯蒂斯·克福弗（Estes Kefauver）的反托拉斯和垄断附属委员会提议关注不公平利润空间、虚假广告、专利法滥用及制药产业中的其他问题。直到今天，FTC 仍然在限制垄断和反竞争行为。

自上世纪九十年代至今，FTC 一直将反向支付协议视为执法的重点之一，曾任 FTC 主席的乔恩·莱博维茨（Jon Leibowitz）曾说道："当原研药企不进行创新的时候，原研药企更加愿意支付给仿制药竞争者"[①]。通常，FTC 在接到有关反向支付协议的报告或指控时，调查过程中主要关注的是该协议对仿制药进入时间的延迟或市场限制效果。此外，FTC 也会评估药品相关市场的状态，即是否有其他仿制药企会进入该市场和从事该行为的经济激励；是否专利权人有其他产品（如针对初代药品的跟进药品）将要上市；在同一治疗类别中药品的竞争程度。在向 FTC 提起指控的情形中，可能会考虑反竞争行为发生后的实际效果。在专利和解协议中，FTC 会更进一步评估执行该协议条款将会发生怎样的后果。

此外，在评估反向支付协议时，FTC 经常会审查专利诉讼的状态。FTC 认为专利权人愿意进行和解的原因之一是为了通过和解来避免自身专利被无效化或被法院宣判为不侵权。反向支付协议中的专利权人认为与潜在的仿制药进入者分享垄断利润要比在常规专利诉讼程序中冒险出现长期不利后果要好。因此，FTC 认为在确定和解动机时评估专利诉讼的状态是非常重要的。然而，美国司法机构却没有接受 FTC 的观点，法院认为在评估反向支付协议潜在反竞争性质时考察专利诉讼的状态是不恰当的。在许多案件中，当 FTC 认为存在反托拉斯问题时，

① Jon Leibowitz，Chairman，U.S. Federal Trade Commission，Speech at the Center for American Progress："Pay-for-Delay" Settlements in the Pharmaceutical Industry：How Congress Can Stop Anticompetitive Conduct，Protect Consumers' Wallets，and Help Pay for Health Care Reform（the $35billion solution）（Jun.23，2009）.https://www.ftc.gov/sites/default/files/documents/public_statements/pay-delay-settlements-pharmaceutical-industry-how-congress-can-stop-anticompetitive-conduct-protect/090623payfordelayspeech.pdf

各方会在 FTC 正式开始诉讼前寻求和解方案。一般来说，FTC 不会提起损害赔偿，而是为了获得禁令救济。如果 FTC 和涉案各方能够达成和解，经常是和解令（consent decree）和反托拉斯指控同时进行。一般来讲，FTC 可以选择在法律对其最有利的地方提起司法诉讼，因为在那里 FTC 可以建立先例或者基于其他策略上的考虑。

自上世纪九十年代至本世纪前十余年间，FTC 通过频频向美国法院提起诉讼来表明原研药企和仿制药企间达成的反向支付协议是违反美国反托拉斯法——《谢尔曼法》第 1 条的，即“禁止任何限制州际或对外贸易的协议、联合或共谋。”虽然 2013 年以前 FTC 在反向支付协议相关司法诉讼中屡遭挫折，但其仍然坚持将“反向支付协议”视为该部门反托拉斯法执法的重点，甚至不惜大力推动专门立法以期授予联邦贸易委员会更大的权力打击反向支付协议。2012 年 12 月，联邦贸易委员会终于在屡次请求联邦最高法院庭审“反向支付协议”遭拒后迎来了最高法院的“调卷令”（writ of certiorari），同意由最高法院来解决巡回上诉法院间对“反向支付协议”司法判决的巨大分歧。2013 年 3 月 25 日，美国联邦最高法院如期对“反向支付协议”进行了口头审理，结果是联邦最高法院采取了一种既不同于第三巡回上诉法院（采纳快速合理原则分析法）也不同于第十一巡回上诉法院（采纳专利权范围分析法）的折中办法，而是采取了传统的“合理分析原则”来分析“反向支付协议”。

3.2.1.2 后续实践经验

2013 年 6 月，美国最高法院对某反向支付协议案（下文简称“A 案件”）的判决可以看作是 FTC 打击反向支付协议的部分胜利。虽然 FTC 主张采用“快速合理分析法”，但最高法院最后判决以传统的“合理原则”进行分析，并没有打击 FTC 规制反向支付协议的决心。

2014 年 9 月 8 日，FTC 针对某药企提起了反向支付协议诉讼，该诉讼还涉及虚假诉讼（sham litigation）。通过监控专利在橘皮书上的“列举行为”（listing）或者通过控制专利诉讼在联邦法院的诉讼时机，FTC 作为行政机构充当了专利诉讼的看门人角色，并且以不同方式在专利争端中为法院提供科学和技术专家的意见。

2015 年 6 月，FTC 在联邦宾夕法尼亚东区地方法院提起了另一个重要案例，FTC 与仿制药企达成了和解。该案是 FTC 继 2013 年最高法院宣判 A 案件之后涉及 FTC 的第一个案子。FTC 早在 2008 年就提起诉讼指控涉案仿制药企非法支付给 4 个仿制药企 4 亿美元并要求其放弃专利诉讼并延迟仿制药版本 6 年。根据 FTC 与仿制药企达成的和解，仿制药企将支付 12 亿美元来补偿为 Provigil 支付过高价格的药物购买者，包括批发商、药房、保险方。也同意未来不在美国达成类似的反向支付协议。值得一提的是，有关永久禁令的条款禁止仿制药企与竞争者达成限制竞争者仿制药进入的协议。该和解令没有包含潜在反竞争的反向支付协议的种类，如原研药企向仿制药企的排他性许可。该和解令也没有禁止仿制药企与其竞争者达成未达到反托拉斯门槛的支付金额，如节省未来诉讼支出不超过 700 万美元。可见，目前 FTC 对待反向支付协议的态度仍然是比较强硬的。

3.2.2　美国国会反向支付协议专门立法的努力

3.2.2.1　S.3582 和 S.316 号法案

关于反向支付协议的专门立法最早可以追溯到 2006 年。2006 年 6 月 27 日，威斯康星州民主党参议员赫伯特·科尔（Herbert Kohl）在美国第 109 届国会参议院首次提出了《确保可负担的仿制药法》（Preserve Access to Affordable Generics Act），编号为 S.3582 号法案。该法旨在禁止原研药企和仿制药企间达成延缓仿制药进入的专利和解协议。法案提议修改《联邦贸易委员会法案》（Federal Trade Commission Act，FTCA）第五条有关“不公平交易”的内容，将反向支付协议视为不公平竞争方法的一种，但该法案并未通过。2007 年，参议员科尔继续在第 110 届国会提出了《确保可负担的仿制药法》提案，编号为 S.316 号法案。此外，该法案又提议修改美国《克莱顿法案》（Clayton Act），规定销售药品方直接或间接成为和解协议一方是非法的，包括：① ANDA 仿制药申请者接受金钱；② ANDA 仿制药申请者同意在一段时间内不研发、不生产、不上市或不销售 ANDA 产品。这一立法旨在将反向支付协议视为“本身违反了”（illegal per se）反托拉斯法。但是，该法案最终仍未通过。

3.2.2.2 S.369 与 S.27、S.214 号法案

虽然 S.3582 与 S.316 号法案都未通过，但美国国会立法以专门规制反向支付协议的努力并没有因此止步。2009 年 2 月 3 日，参议员科尔在第 111 届国会参议院中再次提议通过《确保可负担的仿制药法》，编号为 S.369 号法案。参议院司法委员会在 2009 年 10 月 15 日对该法案进行了修改。S.369 号法案同样提议修改美国《联邦贸易委员会法案》。首先，允许联邦贸易委员会对涉及药品专利和解协议的任何一方启动调查程序；其次，法案假定这种专利和解协议具有反竞争效果，如果 ANDA 仿制药申请者接受了任何金钱并许诺在一段时期内不研发、不生产、不上市或不销售 ANDA 仿制药产品的话，如果协议方有清晰有力的证据表明该专利和解协议促进竞争的效果大于反竞争效果的话，上述“假定非法情形”不适用。在具体判断反向支付协议时，该法案列举了审理法院应当予以考虑的几个因素。

（1）相关专利的剩余保护期，与 ANDA 仿制药产品预定进入市场的日期做对比；

（2）来自 ANDA 仿制药产品的竞争给消费者带来的益处；

（3）ANDA 仿制药申请者提供的考量因素的形式与数量；

（4）如果胜诉，ANDA 仿制药申请者将获得的收益；

（5）如果 NDA 新药权利人败诉，其将减少的收益；

（6）和解协议规定的支付金额的日期与专利案件和解日期之间的跨度；

（7）其他相关因素。

此外，如果 NDA 新药申请权利人向 ANDA 仿制药申请者支付的对价包含以下任一或几个条件的，则该类协议不被禁止。

（1）ANDA 产品的上市权在相关专利到期之前；

（2）该支付没有超过 750 万美元；

（3）达成不起诉 ANDA 产品专利侵权的协议。

如果违反该法案规定内容的，可以获得禁令救济和其他衡平法救济，以及最高 3 倍的民事损害赔偿金救济。但 S.369 号法案最终并未通过。美国国会仍然没有放弃立法的努力，在 2011 年 7 月 22 日，参议员科尔在第 112 届国会上又一次提议通过《确保可负担的仿制药法》，编号为 S.27 号法案，但最终仍以失败告终。

紧接着在美国第 113 届国会上，被命名为 S.214 号法案的立法又一次被提及，但仍然没有通过。

在美国，某项立法提案必须通过众议院和参议院两院的审议，最终须由总统签字通过才生效。从 2006 年至 2019 年之间的反向支付协议专门立法失败的主要原因在于：反对者认为，基于美国已有的反托拉斯法立法及司法机构在反托拉斯案件中积累的丰富裁判经验，现有制度和实践已经足以应对对反向支付协议的规制。因此，没有必要对反向支付协议进行专门的立法，但上述法案中提议考虑的具体审查因素仍具有一定的合理性。

3.2.3 美国联邦巡回法院间就反向支付协议判决的分歧

迄今为止，美国几个联邦巡回上诉法院都已对反向支付协议的反托拉斯指控作出了司法判决，但使用了不同的分析方法，并得出了截然相反的判决结果。本节将就近年来涉及反向支付协议的几个典型案件进行详细梳理，分析联邦巡回上诉法院间就该问题产生的分歧及其原因，遵循的顺序是从“本身违法原则”到“专利权范围分析法”再到“快速合理原则分析法”。

3.2.3.1 第六巡回法院判决

在第六巡回法院判决的某案件中，原研药企在专利诉讼中与仿制药企达成了一项协议，由原研药企向仿制药企支付一定的款项作为补偿，而仿制药企许诺不进入市场。第六巡回法院判决此案件中的原研药企与仿制药企签订的反向支付协议是本身违法的，其本质是消除竞争者间竞争的横向协议，是典型的需要由“本身违法原则”禁止的行为。在判决中，第六巡回法院明确拒绝了涉案药企提出的几点主张。涉案药企辩称，法院系统在对待反向支付协议的反托拉斯诉讼上没有多少经验，法院宣布反向支付协议“本身违法”没有足够依据。第六巡回法院则主张：“不管反向支付协议具备何种异常问题和特征，《谢尔曼法》规定只要涉及固定价格的协议，那么《谢尔曼法》就设定了针对所有行业统一的适用规则。”①该案的法官奥伯多弗（Oberdorfer）指出：“一个是利用由专利产生的垄断权，但另一个是通过支付唯一潜在竞争者 4 000 万美元不进入市场的手段来抑制竞争者，

① 105 F. Supp. 2dat 908.

从而支撑专利的有效性。”[①] 迄今为止，第六巡回法院是联邦巡回法院中唯一对反向支付协议适用“本身违法原则”的法院。

3.2.3.2 第二巡回法院判决

在2006年第二巡回法院判决的某案例中，原研药企和仿制药企签订了反向支付协议。第二巡回法院宣称：如果此案件中的反向支付协议是有效的，其需要满足以下两点：①反向支付协议中的专利不是欺诈获得的，且该专利诉讼也不是客观上毫无根据的诉讼结果；②反向支付协议中规定的延迟进入市场或其他市场限制没有超过专利权的范围。对于该案，法院认为“严格限制专利和解的规则可能与专利法的目标相背离，因为持续增加的诉讼数量将使专利具备不确定性，并可能延缓创新的步伐。”[②] 第二巡回上诉法院最后拒绝适用反托拉斯法中的“本身违法原则”来谴责反向支付协议。第二巡回法院同意HWA法改变了专利权人和被控侵权人的相关风险，法院认为，“那些消除专利权效力和专利权范围不确定性的反向支付协议不应当受到指控。”[③] 法院还重点提出了一个问题，即该协议的排他性效果是否超过了专利权保护的范围。第二巡回法院分析了Zeneca-Barr协议的条款内容，并把Tamoxifen专利归类为一个化合物专利而不是有限的制剂专利，并因此得出结论：涉案和解协议并没有限制非侵权产品的销售[④]。第二巡回法院解释道，Zeneca-Barr和解协议也允许仿制药企引入一个授权仿制市场到Tamoxifen市场中，尽管原研药企和仿制药企的价格差异不大，但消费者福利毫无疑问在原研药企专利到期前9年就获得了。所以法院认为和解协议产生了比不和解更大的竞争促进因素，因此，第二巡回法院确认了初审法院的结论，即涉案反向支付协议不违反反托拉斯法。

在第二巡回法院判决的另一个案件中，原研药企拥有某化合物的专利，与仿制药挑战者达成了反向支付协议，约定由原研药企向原研药企支付4 910万美元，而仿制药企将其ANDA申请中的“第四项声明”改为“第三项声明”，即在专利到期后再销售仿制药。药品的直接购买者和非直接购买者在地区法院提起了反托

---

① 344 F.3d 1294 (11th Cir. 2003) .

② 429 F.3d 370 (2d Cir. 2005) .at 389.

③ 429 F.3d 370 (2d Cir. 2005) .at 398.

④ 429 F.3d 370 (2d Cir. 2005) .at 399–400.

拉斯诉讼，地区法院作出判决认为该协议合法；直接购买者又向第二巡回法院上诉，第二巡回法院认为涉案反向支付协议并没有超过专利权的范围，因而是合法的。原因如下：①不存在对非侵权产品销售的限制；②原研药的仿制药版本必然会侵犯原研药企的专利；③该协议并没有禁止其他仿制药企挑战专利；④当事人也不存在专利欺诈获得和虚假专利诉讼的情形。

3.2.3.3　第十一巡回法院判决

在第十一巡回法院判决的某案件中，第十一巡回法院明确拒绝适用第六巡回法院提出的“本身违法原则”。法院解释道，“专利权人的地域划分并不总是招致反托拉斯责任的划分市场协议，因为专利给予了其权利人合法的排他权。地区法院在将此种协议定性为划分市场协议时，没有考虑到第 207 专利给予被告以排斥其他人制造、使用、销售涉案药品的权利，直到 2014 年 10 月专利到期。关于另外两个被告达成协议在第 207 专利到期前或被宣告无效前销售侵权产品的问题，定性为划分市场协议是不恰当的。”[①] 相反，第十一巡回法院判决发回重审，并指引地区法院考虑几个因素：①专利潜在的排他权范围；②反向支付协议超出专利权范围的程度；③反向支付协议产生的反竞争效果。并且认为原研药企和仿制药企划分的是“时间市场”，即双方同意仿制药企在某一段时期内不进入市场，原研药企在一定时期内不受竞争的威胁。

在接下来同样由第十一巡回法院判决的另一个案件中，法院确认了其在上述案件中的判决。首先，第十一巡回法院认为，第“743 专利”享有法定的专利假定有效性。进而，根据与原研药企签订的协议条款内容，仿制药企可以在第“743 专利”到期前整整 5 年销售一个仿制药产品，而另一个仿制药企可以提前 2 年进行销售。法庭适用了“专利权范围分析法”判定反向支付协议的性质，认为和解协议中的支付是“善意和公平的价值支付”，并且符合公共利益；专利侵权诉讼本身耗费巨大，而且通过诉讼引发专利权效力的不确定性会抑制创新，最终得出了协议不违法的结论。“专利权范围分析法”具体要分 3 步进行测试：①确定专利的排他权范围（包括地域范围、保护时间范围和权利范围）；②该反向支付协议超过专利排他权范围的程度；③该反向支付协议所产生的任何反竞争效果。法

① 344 F.3d 1294 (11th Cir. 2003).at1311−1312.

庭指出，如果限制反向支付协议则会增加药企研发和上市专利药品（或所谓的侵权产品）的不确定性，并由此可能事实上减少药品的创新，即“专利诉讼的这种苛刻环境事实上可能减少产品创新”。[①]其次，第十一巡回法院得出结论：授予给原研药企的专利许可被视为原研药企支付的一个对价，而不是为了掩盖延迟仿制药竞争的报酬。涉案法官认为，原研药企很久以来就对许可这些产品感兴趣。所以，认定原研药企与两个仿制药企分别达成的两个反向支付协议是在第743专利排他权范围内的合法协议。最后由此认定涉案反向支付协议不是宽泛的，也不延缓其他仿制药产品的竞争，故而撤销了FTC的判决结果。

随着反向支付协议被认定为“只要在原研药专利保护期范围内就不违法”判决基调的确定，此类和解协议的数量在美国便有所增加。

3.2.3.4 联邦巡回法院判决

联邦巡回法院在2008年判决的某案件中认为涉案反向支付协议不违法，因为专利权的本质就是反竞争的，任何在专利权范围内的反竞争效果都不应受到反托拉斯法的规制。联邦巡回法院依赖地区法院有关“反托拉斯法与专利法间冲突”的分析，得出结论：只有那些超过专利排他权范围的反竞争效果才应当在适用合理原则时被考虑。相反，该案的初审法院依据这样的推理——禁止反向支付将“限制原研药企和仿制药企的选择权”。这将会导致原研药企和仿制药企“更少投资于研发新药”。

联邦巡回法院解释道，原研药企和仿制药企达成的协议范围没有超过原研药企专利权的范围。所以，原研药企作为专利权人的权利允许其排除仿制药从其发明中获利。联邦巡回法院进一步总结道，在该案中不存在欺诈美国专利商标局（U.S.Patent and Trademark Office，USPTO）或虚假诉讼这两种情况，因此法庭不需要在反托拉斯分析中考虑专利权的效力问题。普罗斯特（Prost）法官指出，“专利权是被假定有效的，如果专利和解协议的目的是保护权利人的合法权利——对发明的生产和销售的垄断权，那么和解协议就不是非法的。”[②]在支持反向支付协议的观点中，联邦巡回法院支持了地区法院的主张，认为没有证据表明该协议阻止了其他几个仿制药企业挑战原研药企的专利。普罗斯特法官指出，该专利在接

① 402 F.3d 1056(11th Cir. 2005) .at1075.

② 544 F.3d 1323（Fed. Cir. 2008）at 1340.

下来其他 4 个仿制药生产者的挑战下仍然有效[①]。

3.2.3.5　第三巡回法院判决

第三巡回法院在 2012 年判决的某案件中，首先拒绝了“专利法中专利权具有效力的法定假设是专利权人的一个基本权利”[②]的观点。法院认为，反向支付协议案件不涉及专利效力问题而涉及专利侵权问题，举证责任在专利权人一方。因此，基于专利权效力的假设争论是错误的。其次，法院指出：“公共利益在专利制度中是重要的，质疑专利的权利不仅是个人的私权，也涉及公共利益。”[③]法院强调公共政策不仅涉及专利体系也涉及 HWA 法。该法庭还直接引用了 HWA 法立法时的相关文件，强调了国会立法的目的是通过鼓励仿制药企挑战弱专利或无效专利来为消费者提供更便宜的仿制药[④]。法院认为上述这种公共利益因为“专利权范围分析法”而受到损害。

基于上述的考虑，第三巡回法院将案件发回重审并指示地区法院：“应当适用基于反向支付协议经济现实的‘快速合理原则分析法’作为不合理限制贸易的表面证据，但是如能证明该支付的目的不是为了延迟市场进入或有其他促进竞争的福利时则该协议不违法”[⑤]。并认为其他联邦巡回法院适用的“专利权范围分析法”是错误的法律分析。正如法庭所批评的那样，在此案中“作为一个实践操作方法，专利权范围分析法导致不对任何反向支付协议给予反托拉斯审查。”[⑥]所以，第三巡回法院拒绝适用第十一和第二巡回法院适用的“专利权范围分析法”。法庭认为“这种分析法不仅限制了反托拉斯法的适用，并且与 HWA 法的政策及一系列最高法院关于专利诉讼和竞争案件的先例相冲突。”[⑦]第三巡回法院还强调，“专利权范围分析法”实际上创造了一个“几乎无法辩驳的专利效力的假设”。该法庭还引用了提供实证支持的观点，即“许多由专利商标局颁发的专利后来被无效化或者被判不侵权”，并强调了实施弱专利的危险与成本，从而得出“公共利益支

① 604 F3d98（2d Cir 2010）.

② In re K–Dur Antitrust Litigation（n 101）216.

③ In re K–Dur Antitrust Litigation（n 101）217.

④ In re K–Dur Antitrust Litigation（n 101）218.

⑤ K–Dur，686 F.3dat 214.

⑥ K–Dur，686 F.3dat 214.

⑦ K–Dur，686 F.3dat 215.

持司法测试并支持排除弱专利”的结论[①]。

在该案中最高法院强调：“公共利益，即将那些来自狭窄或无效专利的价格固定协议产生的贸易限制解放出来。”[②]法庭进一步强调指出，双方和解的激励并不是完全非法的，因为他们仍然可以达成涉及延迟进入但不包含反向支付内容的和解协议。根据法庭的观点，这种“快速合理原则分析法”规则将消除反竞争行为，但同时不会危害大多数的和解协议[③]。

3.2.3.6 小结

从上述各个巡回法院之间的分歧判决来看，第二巡回法院、第十一巡回法院及联邦巡回法院遵循的都是“专利权范围分析法”[④]，依据该分析法，法院在每个类似案件中都先假定专利权是有效的，然后再继续分析协议内容是否超过了该专利权的范围[⑤]。这种认为反向支付协议应当豁免于反托拉斯法责任的观点主要基于这样一种假设，即让制药企业承担反托拉斯法责任将会损害药品专利激励机制并抑制药品创新。尽管联邦巡回法院的假定是间接的，但第二和第十一巡回法院依赖这一假设则是非常明确的。第二和第十一巡回法院还认为，只有在出现“专利权欺诈性获得”或者存在“虚假专利诉讼”的情况下，法院才会主动考虑专利权的效力问题；也只有在这种情况下，反向支付协议对竞争的限制性作用才被视为超过了专利权的排他性范围。

“本身违法原则”对于反向支付协议的适用在巡回法院中并不常见，后续法院也没有再出现过运用“本身违法原则”规制反向支付协议的情形。至于“合理分析原则”，在美国反托拉斯法中适用本身就具有模糊性和不确定性、极大依赖于个案的分析，这似乎也符合了反向支付协议的多样性和隐蔽性（尤其是在FTC加大执法力度后）的特征。如果依据“合理原则”分析，一般需要先界定相关市

① K–Dur，686 F.3d at 215.

② 333 U.S. 287 (1948)at 308.

③ 105 F. Supp. 2dat 908[援引了案例 United States v.Socony–Vacuum Oil Co.，310 U.S. 150，222 (1940).

④“专利权范围分析法”中的“范围”一般是指专利权的时间范围（专利保护期）、空间范围（专利的地域性）及权利本身范围（专利权利要求的范围）。在反向支付协议案件中，一般是指专利保护期的范围。支持反向支付协议的法庭倾向于认为，只要和解协议规定的仿制药进入日期没有超过专利的有效期就不被认定为违法。

⑤ Tamoxifen，466 F.3dat 208–09 n.22（其中解释了专利假定有效的问题。）

场，证明存在市场力量和反竞争效果，即存在威胁降低产量或提高价格的限制，而且不存在可以抵消的因素。“合理原则”分析中的举证责任落在原告一方。总之，联邦巡回上诉法院之间的纷争引发了最高法院对于此类案件调卷令的批准。

3.2.4　美国最高法院对 A 案件的判决

3.2.4.1　判决概述

2013 年 6 月 17 日，美国最高法院对 A 案件进行了终审判决[①]，旨解决联邦巡回法院间针对反向支付协议“专利权范围分析法”与“快速合理原则分析法”的分歧，最高法院 9 名大法官最终以 5 ：3（塞缪尔·阿利托法官未参加投票）认定：“反向支付协议”应当依据“合理原则”进行判断，并因此推翻了第十一巡回法院的判决。这一判决表明最高法院否决了第十一巡回法院主张的“专利权范围分析法”和 FTC 所主张的“快速合理原则分析法”。与传统反托拉斯案件中“合理原则分析法”在举证责任上表现的不同，依据“快速合理分析法”，“反向支付协议”首先是被假设为反竞争的，并且由被告负主要举证责任来证明该和解协议具有促进竞争的一面。

在庭审中，最高法院的斯蒂芬·布雷耶（Stephen G.Breyer）法官代表多数人的观点，撰写了判决书并提出判定反向支付协议时需要考虑的 5 个因素，指出该案中上诉法院应在驳回联邦贸易委员会指控前考虑以下 5 个因素。

（1）争议中的限制性行为是否有可能对竞争产生不利影响。

（2）上述反竞争行为的效果是否存在正当理由。最高法院认为，反竞争行为效果在有些情况下是具有正当理由的。FTC 承认抵消或补偿限制竞争的因素有时是存在的，如有些案件中反向支付协议只是一个以双方和解的手段来节省巨额诉讼费；而反向支付中的现金流动，有可能只是对仿制药企其他服务的一种补偿，如分销专利产品或帮助建立该专利产品的市场。此外，还可能存在其他正当理由。

① 在 A 案件前，FTC 曾就多起涉及反向支付协议的案例向最高法院申请调卷令，但都没有获得最高法院的批准。最高法院此次批准调卷令的原因是因为在美国几个联邦巡回法院中出现了针对反向支付协议截然相反的判决，被称作“巡回法院分歧”，巡回法院间的主要分歧是第二巡回法院、第十一巡回法院、联邦巡回法院坚持的“专利权范围分析法”和第三巡回法院坚持的“快速合理原则分析法”。

反托拉斯案件中的被告可以在诉讼程序中证明协议存在合法性的正当理由，解释反向支付协议中的争议条款并依据“合理原则”分析该条款的合法性。

（3）如果上述不利影响是不正当的，那么专利权人是否有权对竞争施加这些不利影响。最高法院认为，有时专利权人有权对竞争施加某些不利影响。至少，反向支付金额本身就构成了这种力量（power，即收取高于竞争水平价格的能力）的一个表征；而专利权本身有助于确保这种力量。在多数情况下，联邦贸易委员会参照的是这样一种研究结果，即反向支付协议与高于竞争水平的利润（这就是市场力量的较强指标）间具有相关性。

（4）提起一项反托拉斯诉讼是否能够有效化解该案的反竞争效果，无须由当事人双方针对专利的有效性问题提起诉讼。从行政角度看，一项反向支付协议可能比第十一巡回法院设想得更加可行。通常，不需要为了回应反托拉斯问题来针对专利的有效性提起诉讼，除非需要确定专利诉讼是否为虚假诉讼时。简言之，就是可以不考虑专利权的效力问题，而是要考虑反向支付的金额，即无须由竞争法的法庭通过复杂细致的过程来判断专利权的效力问题。

（5）双方当事人是否可以通过其他方式达成和解，如不需要专利权人向仿制药企支付金钱，但允许仿制药企在专利到期前进入权利人的市场。尽管当事人达成包含反向支付的和解协议有合理理由，但涉及的反托拉斯问题究竟存在哪些合理理由？如果理由是企图维持和共享由专利带来的垄断利润，且不存在其他正当理由，那么反托拉斯法可能就会禁止该项协议。

总之，一项巨额且不合理的反向支付协议具备较强的反竞争效果风险。支付方可能无法给出正当理由，而支付的药企也可能拥有专利带来的市场力量。最高法院认为通过考量协议支付金额的规模，法院可以很好地评估其反竞争效果和潜在的正当理由，而不需要对专利权的效力问题进行评估。而且，诉讼当事人也可能不通过反向支付而采取其他方式解决专利纠纷。

3.2.4.2 拒绝“快速合理分析法”的原因

最高法院多数意见还解释了拒绝“快速合理分析法”的原因，即反向支付协议带来反竞争效果这一可能性取决于以下 4 个因素。

（1）支付的规模；

（2）支付者预期的未来诉讼成本与支付金额的比较；

（3）该支付是否独立于对其他服务提供的支付；

（4）是否缺少其他令人信服的正当理由。

此外，还要考虑不同行业的反竞争效果及其程度是不同的。上述种种复杂性使最高法院最终作出判断，即针对反向支付协议，FTC 必须在适用“合理原则”的其他案件中一样承担详细且主要的举证责任。

3.2.4.3　关于合理原则的适用问题

传统的“合理原则分析法”一般首先要求界定相关市场，证明企业存在市场力量，以及证明存在反竞争效果，也就是说证明威胁降低产量或提高价格（毫无效率或其他优点）的限制行为是存在的[1]。在合理原则中，一般由原告承担举证责任。在谈到市场力量时，最高法院指出：“原研药企向仿制药企支付金额的大小本身就是体现企业力量的一个指标，这种力量体现在收取高于竞争水平价格的力量上”[2]。

3.2.4.4　最高法院内部的异议声

此案中的异议者支持第十一巡回法院所主张的“专利权范围分析法”。异议者批评了最高法院的多数人观点，认为这一决定使诉讼当事人在高成本的专利诉讼中更难达成专利和解协议；并称“合理原则分析法”是模糊的和没有规矩的。同时，异议者批评了上述法院提出的需考虑的 5 个因素，认为那五个因素都没有回答一个基本的问题，即如果专利权人在一项有效专利的范围内行事，并且从事了反托拉斯诉讼所宣称的非法行为，但有些专利诉讼和解可能并不会产生非法的反竞争损害。异议者担心反托拉斯法对反向支付协议的强势干预可能会抑制创新和竞争。

3.2.4.5　对最高法院判决的评价

美国制药产业界本希望经由该案，可以获得来自最高司法部门确定的、清晰的、终局的判决，但这一愿望并未达成。其实，制药行业担心的并不是不利的判

① Herbert J Hovenkamp.Anti-competitive Patent Settlements and the Supreme Court’s Actavis Decision[J].Minnesota Journal of Law，Science and Technology，2014，(15)：7.

② FTC v.Actavis 133 S.Ct.2236（2013）.

决，而是因不确定性带来的成本增加。有评论认为，制药产业界将该案视为制药行业继 A 案件判决后遭受的又一次沉重打击。

综上，2013 年美国最高法院在 A 案件中并没有给出一个清晰明确的解决办法，而是折中采取了传统的"合理原则分析法"规制反向支付协议，从而留给初审法院更大的裁量空间。多数评论意见认为，最高法院在判决书中提出的"大额且不合理的反向支付金额"（或者"被免除的诉讼费标准"）是有待商榷和武断的，并指出美国日后出现的有关反向支付协议的问题并未因此案件的判决而得到根本解决，司法判断的不确定性依然存在。还有观点认为，"FTC 禁止和解的权力获得了最高法院的承认，FTC 这种对专利诉讼的后司法审查将有可能使诉讼本身复杂化。"[①] 因为根据最高法院的判决，判定反向支付协议是否违法，支付金额的大小似乎就成了涉案专利强弱的一个重要指标，也就是说协议支付的金额越大，专利权越弱的可能性就越大，而且最高法院拒绝在反向支付协议案件中评价专利的效力问题。此外，最高法院还指出支付金额可作为因反向支付协议引起的反竞争伤害的指标，也可作为一个弱专利的指标。支付金额的大小可以被看作专利权人对自身专利强度缺乏信心的证据，也表明了专利权人对专利诉讼胜诉持怀疑的态度。根据最高法院的观点，这种情况下的和解协议降低了竞争的程度或可能性。

3.2.5 A 案件后对反向支付协议的分析

自从 2013 年最高法院判决 A 案件后，美国地区法院就该案件是否仅适用于"现金支付"的反向支付协议存在相当大的分歧。尽管最高法院将一个可疑的非法支付视为"大额的和无法解释的"（large and unexplained），但通过 2013 年 6 月以来美国地区法院已经判决的相关反向支付协议案来看，地区法院在是否涉及"非现金支付"、分析步骤等问题上依然存在较大分歧，仍拥有较大的自由裁量权。因此，未来可能仍需要最高法院对反向支付协议再次确立判案标准。

2014 年秋，新泽西地区法院作出了与反向支付协议有关的两个重要判决，[②] 在这两个判决中法官给出了第三种方式并指出，当"非现金支付"依据 A 案件被视为反向支付协议时，原告必须证明"这一非现金支付的金钱价值是多少"，并驳

---

① In re Lipitor Antitrust Litig., 2014 U.S. Dist. LEXIS 127877（D.N.J. 2014）.

② In re Lipitor Antitrust Litig., 2014 U.S. Dist.LEXIS 127877（D.N.J. 2014）.

回了原告的指控。2014 年 10 月 7 日，新泽西地区法院的法官在另一起案件中再一次否决了原告就反向支付协议发起的指控。法庭分析了关于是否反向支付协议仅涉及非授权仿制协议的问题。法庭指出，为了分析某一支付，必须：①评估任何从专利权人向侵权人转移的价值，包括其他非现金形式；②将专利权人避免的诉讼费用从这些支付中减去；③将商品、服务或者侵权人就同一交易或相关交易向权利人提供的其他对价价值从这些支付中减去。剩余的支付金额如果是“大额的且无法解释的”，那么该协议就是非法的反向支付协议[①]。

3.2.5.1　有关是否仅涉及现金支付的问题

正如肖恩 · 奎因（Sean J. Quinn）所评价的那样，A 案件的困惑已经笼罩着初审法院的判决。现在的问题不是适用何种反托拉斯测试方法的问题，而是何时适用的问题。[②] 毫无疑问，A 案件确实仅涉及“现金支付”。在 A 案件后，地方法院讨论的一个焦点是：如果原研药企向仿制药企支付的对价是“非现金支付”时是否也涉嫌违反反托拉斯法。随着近年 FTC 对反向支付协议的打击及最高法院作出反向支付协议有可能违反反托拉斯法的判决后，企业间达成反向支付协议的形式变得更加多样和隐秘。鉴于反向支付协议中“现金支付”的明显性，有学者直接提出对策：“如果想要避免反托拉斯调查，制药企业应在缔结反向支付协议时包含早期进入协议和非授权仿制协议，而不是直接的现金支付。”[③]

虽然反向支付协议并非仅包括直接形式的“现金支付”，也涉及“非现金支付”形式，但如何评估这些非现金形式是很困难的[④]。至少已经有一个地区法院否决了原告的主张，因为无法评估非现金支付的价值。事实上，大多数审理反向支付协议的法院已经得出支付是可以包含非现金形式的结论了。在 2014 至 2015 年间，FTC 已经提交了两个“法庭之友”（amicus brief）的建议，一个是向新泽西

---

① In re Effexor XR Antitrust Litig.，2014 U.S.Dist.LEXIS 142206，at*69.

② Sean J.Quinn.Down on the Pharma：How Green-lighting Generics Can be a Game Changer against Off-label Marketing by Brand-name Offenders[J].Health Lawyer，2014，26（1）：22.

③ Remarks of Joshua D.Wright.FTC Antitrust Analysis of Reverse Payment Settlement After Actavis：Three Questions & Proposed Answers. https://www.ftc.gov/system/files/documents/public_statements/591131/141010actavisspeech.pdf

④ Remarks of Joshua D.Wright.FTC Antitrust Analysis of Reverse Payment Settlement After Actavis：Three Questions & Proposed Answers. https://www.ftc.gov/system/files/documents/public_statements/591131/141010actavisspeech.pdf

地区法院提交的，另一个是向宾夕法尼亚东区地方法院提交的。两个案件均涉及原研药企和首仿者间签订的专利和解协议，但两个案件都没有涉及金钱转移支付，而是以非现金形式给仿制药企好处。案件中的原研药企同意在HWA法所授予的仿制药排他期内不推出自己的授权仿制药。FTC在“法庭之友”中提议将A案件的规则延伸到“非金钱支付”，并探究是否该支付是仿制药挑战者在胜诉情况下不能获得的；是否协议双方共享了垄断利润并避免了竞争。

3.2.5.2 最高法院提出的“被避免的诉讼费标准”

最高法院所判决的A案件确立了一个在判断反向支付协议时“被避免的诉讼费标准”，如果原研药企向仿制药企支付的金额减去原研药企可能承担的诉讼费之后数额仍然巨大，那么该反向支付协议违法的可能性就比较高。有观点反对最高法院的这种评估方式，认为把诉讼成本作为判断反向支付协议违法与否的标尺是不合适的，此举会打击那些有利于消费者的反向支付协议；并指出这种标准仅仅适用于单一仿制药企的进入而不适用于存在多个仿制药企进入的情形。相应地，早期经济学研究也仅关注了仿制药企与原研药企达成协议前后由“寡头垄断”向“双头垄断”转变的情形，认为地区法院应当选择更加全面的“合理分析原则”，而不是简单的“诉讼费标准”[①]。

3.2.5.3 关于提出的有利于竞争的证据

当事人双方可以举证证明反向支付具有合理性，如该支付金额没有超过诉讼的成本；仿制药企存在现金流困难；双方信息不对称；有其他理由表明支付是合理的[②]。第一，如果该支付没有超过诉讼成本，这很可能代表了一个专利权效力的客观评估。一旦原研药企起诉仿制药企，双方就需要支付诉讼费，不超过诉讼费用的反向支付协议是安全的，因为双方本就该花费这些费用。第二，现金流困难的仿制药企需要现金，所以原研药企支付给仿制药企的金额可以使仿制药企同意较

① Remarks of Joshua D.Wright.FTC Antitrust Analysis of Reverse Payment Settlement After Actavis: Three Questions&Proposed Answers. https://www.ftc.gov/system/files/documents/public_statements/591131/141010actavisspeech.pdf

② Michael A.Carrier.Unsettling Drug Patent Settlements: A Framework for Presumptive Illegality, Innovation for the 21st Century Harnessing the Power of Intellectual Property and Antitrust Law[M]. Oxford university Press, 2009: 178.

晚进入市场并获得所需现金。第三，信息不对称也可成为达成反向支付协议的理由，一个不对称的信息就是专利的价值。原研药企比仿制药企拥有更多关于专利具有经济价值的市场状态和时间期的信息。当专利的价值高时，双方可能不会和解，因为原研药企不可能放弃已有价值的垄断。第四，在一个相对一般的辩护中，当事人可以提出任何其他有关支付合理性的理由，如销售预测、市场分析、相似产品的支付及原研药企在产品中的利益和尽职调查。

3.2.5.4　关于不推出授权仿制药的问题

反向支付协议中另一个比较突出的问题是原研药企在协议中许诺自己不推出"授权仿制"（即原研药企获得 FDA 的批准，但是以仿制药的形式销售），一般目的是原研药企承诺在 180 天市场排他期内不与首仿者竞争。FTC 曾做过的一项调查表明，在 40 个潜在的反向支付协议中有 19 个涉及"非授权仿制的规定"，比例近乎占据一半（48 %）。虽然最高法院承认 180 天市场排他期能够带来高达几百万美元的利润，但有法院判例表明"不推出仿制药的承诺"不算是一种"支付"形式。法院在判决相关案件时发现"和解一方的仿制药企被允许提早进入，不存在现金支付，而且非授权仿制协议的持续时间相对而言比较短"。因此认为该协议是合理的，不属于最高法院所判决的 A 案件所要求的审查种类。在另一个案例中，法院发现，原告无法证明存在反竞争效果，因为其没有计算出"非授权仿制"条款的"真实价值"。法院要求原告必须把原研药企预期的垄断利润与支付的规模相比较。

总之，最高法院判决的 A 案件还是为反向支付协议的初审法院留下了许多不确定性，再加上"合理原则"适用本身的模糊性和不确定性使得 A 案件为地区法院审理反向支付协议提供了非常有限的指导，后续对于反向支付协议的分析还需要基于个案的不同情况。但是，最高法院所提出的考量支付金额大小、与诉讼费用比较等因素对我们仍具有借鉴意义。

3.3 对反向支付协议的经济学分析

3.3.1 经济学家对反向支付协议的观点

美国的经济学家对反向支付协议进行了相关数据分析，尤其是美国制药业界和美国仿制药协会的经济学家对“反向支付协议”表达了支持态度。他们认为大多数原研药企和仿制药企间达成的“反向支付协议”都是合法的。因此，政府不应对“反向支付协议”进行反托拉斯规制。比如，2013年的A案件，支持“反向支付协议”的经济学家向美国最高法院提交了一份《美国经济学家关于反向支付协议的法庭之友意见书》，经济学家通过数据与模型分析指出：“许多反向支付协议的签订原因不是为了延迟市场进入，而是为了结束冗长耗成本的专利诉讼。”[①] 因此，认为FTC对反向支付协议的指控是不合理的。又如，经济学家布雷特·迪基（Bret Dickey）和乔纳森·奥尔萨格（Joncahcm Orszag）认为，有些反向支付协议可以促进竞争，它们实际上要比当事人坚持诉讼到底能更早进入市场；并举证证明即使严厉打击反向支付协议的FTC也承认，当反向支付协议的支付金额小于或者等于诉讼费用时，反向支付协议不违法。因此，可以考虑建立一个针对反向支付协议的“安全港”（safe harbor），并提出应在评价反向支付协议时考虑以下几个因素：风险规避（risk aversion）、信息不对称（information asymmetry）、预期差异（differences in expectations）、折扣率差异（differences in discount）等。迪基和奥尔萨格还批评了之前对反向支付协议的经济学分析多集中于“静态效应”，而非“动态效应”（即反向支付协议对长远仿制药和创新药的激励作用）[②]。

经济学家为反向支付协议的辩解还体现在反对适用“本身违法原则”上，比如，瓦莱丽·穆尼耶（Valerie Meunier）和豪尔赫·帕迪拉（Jorge Padilla）指出：

---

① Economics Professors.Brief of Amici Curiae Economics Professors in Support of Respondents in Federal Trade Commission v. Actavis, Inc.[Z]. U.S. Supreme Court, 2013-02-15. P10.

② Bret Dickey，Jonathan Orszag.The benefits of patent settlements: new survey evidence on factors affecting generic drug investment[R/OL]. 2013 [2025-04-10]. http://www.gphaonline.org/media/cms/Dickey_Orszag_Benefits_of_Patent_Settlements_2012-07-21_FINAL.pdf.

"我们已经表明了反向支付协议不应被视为目的上的限制和本身违法，尤其是当反向支付协议金额巨大并超过权利人诉讼成本时。有三个原因：首先，反向支付协议可能具有促进竞争的效果；其次，如果反向支付协议被禁止，某些促进竞争的协议也会被禁止；第三，超过权利人预期诉讼费用的反向支付协议不需要延迟进入。"① 若反向支付协议的数额并没有提供一个可行的专利弱小的表征，则试图适用"合理原则"的行政机构和法院必须在个案基础上考虑专利的效率和侵权。

3.3.2　反向支付协议的几个经济学模型

3.3.2.1　夏皮罗模型

2003 年，经济学家卡尔·夏皮罗（Carl Shapizo）针对反向支付协议提出了一个模型，即"夏皮罗模型"。在该模型中存在一个专利权人 P，其指控另一个仿制药进入者 E 侵犯其专利权。假设涉案专利将在日期 1 时失去专利权保护。该专利的强度（即其被法院判决无效或不侵权的可能性大小）是基于 P 和 E 对案情估计的情形。P 和 E 的诉讼成本分别由 Cp 和 Ce 来表示。当专利权人拥有垄断地位时，该专利权人的垄断利润由 M 表示。当仿制药进入市场时，P 和 E 的双头垄断利润分别由 Dp 和 De 来代表。假定 M>Dp+De，即权利人的单一垄断利润超过 P 和 E 双头垄断利润的联合。在日期 0 时，仿制药进入者挑战了专利权人的专利。如果专利权人能够提出一个和解协议，其中规定了仿制药的进入日期 T 和反向支付协议 R；相反，如果权利人没有提出该和解协议，或者仿制药进入者拒绝了该和解协议的邀约，那么专利诉讼将继续进行，直到专利法庭在日期 Le（0，1）时作出最终判决。夏皮罗假定，当没有专利和解协议时，仿制药进入者 E 将在 L 这个时间或之后某个时间进入市场——E 不会冒险在诉讼结束之前进入市场。因此，没有和解协议时的预期进入日期是 L+0（1—L）。

综上，夏皮罗认为，当达成和解协议与不达成和解协议（即意味着继续进行诉讼）相比较时，如果对消费者的损害不大，那么该协议可以促进竞争；而当权利人支付的金额超过权利人的诉讼成本时，专利和解协议可能会损害消费者福利。

① Valerie Meunier，Jorge Padilla.Should reverse payment patent settlements be prohibited per se?[R/OL]. 2015 [2025-04-10]. https://www.researchgate.net/publication/314554866_Should_Reverse_Payment_Patent_Settlements_Be_Prohibited_Per_Se.

但是需要注意的是，夏皮罗的经济学模型针对的是一家仿制药企进入的情形，没有考虑多家仿制药企进入的情形。

有关专利的强弱问题，夏皮罗认为，这种授予药品专利的传统方法通过允许权利人从先前投资中获得高额回报，暂时推高了药品价格。这种冲突经常被称作“创新困境”。夏皮罗指出，虽然以强专利为特性的“装甲舰专利”明确授予给专利权人阻止他人制造、使用或销售专利产品的权利和能力，但现实中的一般专利比装甲舰专利要弱许多。专利的强度不仅是影响专利权人起诉或和解的诱因，还代表着被授予专利的发明的社会价值信息。持有弱专利的理性药品专利权人，在其他条件不变的情况下，愿意向仿制药企支付价款，从而避免在诉讼中自身专利被无效化或者被判不侵权。而且，授予给那些显而易见和具有较小新颖性的发明专利更是如此，因为这些专利一旦被挑战很可能被无效。

3.3.2.2 Krueger 模型

2012 年，“Krueger 模型”支持修改后的“本身违法原则”，这与 FTC 在 A 案件中提出的“快速合理原则分析法”密切相关。模型作者指出，反向支付超过权利人预期诉讼成本的协议本质上是反竞争的，也就是说，不需要考虑涉案专利的效力、侵权的可能性、当事人对诉讼案件强度的评估等问题就可以得出反竞争的结论。这种观点建立在将“反向支付”与“权利人预期诉讼成本”相比较的基础上，其提供了一个简单的分析方法来确定反向支付协议何时是反竞争的，而不要求进行专利法的分析。这种主张源于模型作者设立的一个基本模型，即只有当协议延迟进入的日期晚于专利诉讼中预期进入的日期时，原研药企才愿意缔结一个带有反向支付的协议（超过其预期诉讼费用）。基于这一点，模型的作者认为，所有竞争执法机构和法院在确认反竞争支付协议时需要比较反向支付的金额和权利人可能支付的法庭诉讼费用。

但有批评者认为“Krueger 模型”作者的发现和相关政策取决于一系列不符合现实的假设，因为“Krueger 模型”假设的市场情景是单一仿制药进入，或者是原研药企在进入后的利润独立于仿制药进入者的数量；假设原研药企和进入者具有关于涉案专利强度主观信心的完全信息对称。该批评者指出，如果上述两个假设中的某一个缺失，那么直接将超过诉讼费用的反向支付协议视为“本身违法的”就是不恰当的。这意味着竞争执法机构和法院采取相同的分析框架不能仅依赖于比较反向支付金额和权利人预期的诉讼成本就确定反向支付协议促进竞争和阻碍竞争的性质。该批评者还认为，竞争执法机构和法院应当评估涉案专利的强度和每一方当事人对其诉讼案件的主观评价，尤其需要考虑有关案件司法结果的不确定性。否则，竞争执法机构和法院将得出危险的结论，即该和解协议损害消费者福利，但事实却有可能有利于消费者福利。因此得出结论：反向支付协议应当在“假定合法的原则”下分析，即假定反向支付协议是合法的，除非有直接证据表明双方存在共谋以延迟进入。而且反向支付协议只应在特殊情形下才能被禁止，如当有相关文件表明原研药企和仿制药企为了分享超高竞争利润来延迟仿制药进入时，尽管专利是无效的或者是不侵权的（双方都知道和同意侵权诉讼是假的）。

3.4 反向支付协议的论证

3.4.1 支持反向支付协议的观点

支持反向支付协议的观点认为原研药企与仿制药企间达成的协议，尤其是以结束耗时耗财的专利诉讼为目的的反向支付协议，可以节约法庭与当事人的诉讼成本；并且在实践中反向支付协议中规定的仿制药进入时间经常会早于仿制药企输掉官司后市场进入的时间。而且专利权人在专利权范围内的权利行使行为不应当受到反垄断法的规制。主要代表观点如下。

乔安娜·布拉夫（Joanna T. Brougher）指出，如果没有反向支付协议的话，仿制药在原研药专利到期前成功进入市场的比例只有 48 %。[①] 兰格费尔德·詹姆斯（Langefeld James）和李（Li）在 2003 年指出，严格的“本身违法原则”将不当地限制药品专利权人保护知识产权的能力，尤其是存在侵权案件补偿不足风险时。罗伯特·威利格（Robert D. Willig）和约翰·比奇洛（John P. Bigelow）在

① Joanna T.Brougher.Intellectual Property and Health Technologies, Balancing Innovation and the Public Health[M].New York: Springer Science and Business Media, 2014.

2004年指出，“反向支付协议的达成可能对提升消费者福利至关重要。”① 迪基、奥尔扎格（Orszag）和劳拉·泰森（Laura Tyson）在2010年也得出相同的结论，反对将反向支付协议视为本身违法的行为。② 而迪基和丹尼尔·鲁宾费尔德（Daniel Rubinfeld）在2012年进一步指出，“反向支付协议可以提升开发新仿制药和挑战专利的激励作用，禁止反向支付协议可能对激励潜在发明者从事更强研发从而促进技术进步产生负面作用。”③ 约翰·施利歇尔（John W. Schlicher）指出“如果反托拉斯法总是禁止和解协议的话，那么反托拉斯法将会使这种类型的协议毫无价值，反托拉斯法应禁止那些侵权人同意不使用某种专利权的和解协议。”④ 亨利·巴特勒（Henry N. Butler）和杰弗里·保罗·雅罗斯奇（Jeffrey Poul Jarosch）认为在某些情况下，某些反向支付协议是促进竞争的，如当仿制药企业的现金流非常有限时，一项反向支付协议可能对仿制药企的生存至关重要，直到其进入市场。⑤

此外，从和解协议本身来看，在美国民事诉讼案件中和解是理性当事人之间交换利益的一种方式，一般认为和解可以节约诉讼成本、缩短诉讼时间及节约稀缺的法庭资源。甚至可以说任何和解协议都可以被视为对被告的一种“补偿”，被告只有在对方给出合适对价的情况下才会同意和解；如果任何药品专利和解协议都被归类为被禁止的反向支付协议的话，那么将来法庭中就不会再有任何和解协议出现了。的确如此，在美国判例法中非常鼓励和解行为，这种节约诉讼成本、消除法律不确定性的争端解决机制有其特殊的价值。还有观点认为，HWA法中

① Robert D.Willig，John P.Bigelow.Antitrust Policy toward Agreements that Settle Patent Litigation[M].Antitrust Bulletin，2004.

② Bret Dickey，Jonathan Orszag，Laura Tyson.An Economic Assessment of Patent Settlements in the Pharmaceutical Industry[M].Annuals of Health Law，2010.

③ Bret M.Dickey，Daniel L.Rubinfeld.Would the Per Se Illegal Treatment of Reverse Patent Settlements Inhibit Generic Drug Investment？ Journal of Competition Law and Economics[J]，2012：615-625.

④ John W.Schlicher.Settlement of Patent Litigation and Disputes，Improving Decisions and Agreements to Settle and License[J].American Bar Association，Section of Intellectual Property Law，2011：299.

⑤ Henry N.Butler，Jeffrey Paul Jarosch.Policy Reversal on Reverse Payments：Why Courts Should Not Follow the New DOJ Positionon Reverse-Payment Settlements of Pharmaceutical Patent Litigation[J].Iowa Law Review，2010，96（57）：98.

设立的特殊争端和解程序本身可能导致制药行业中反向支付协议的达成[①]。其实，这种立法上的“缺失”是立法者在制定 HWA 法时所未曾想到的，所以导致美国在反向支付协议泛滥后把责任推给了 HWA 法，认为反向支付协议是 HWA 法的“无心之举”。

3.4.2　反对反向支付协议的观点

反对反向支付协议的观点认为，反向支付协议是原研药企与仿制药企共享专利权带来的垄断利润。这种协议虽然有益于和解协议双方，但对药品消费者获得价廉仿制药及各国政府缩减医疗保障开支来说却是不利的，属于反托拉斯法所规制的竞争者间的横向垄断协议，可能违反美国《谢尔曼法》第 1 条的规定：“即任何不合理限制州际或对外贸易的协议、联合或共谋都是非法的。”而且，反向支付协议使原研药企可以被无效掉的弱专利得以维持。

穆拉特·蒙甘（Murat C. Mungan）认为，反向支付协议可能会阻碍技术进步，因为它虽激励了那些安全而增量式创新的研发投资，却打击了那些冒险并具有开拓式创新的研发投资[②]。在反对反向支付协议的各方中，美国联邦贸易委员会认为反向支付协议会损害消费者的利益，根据 FTC 在 2010 年发布的一份调查报告（Federal Trade Commission，Pay-For-Delay: How Drug Company Pay-Offs Cost Consumers Billions，Jan.2010）显示，反向支付协议平均造成仿制药延迟 17 个月进入市场，每年为药品消费者带来 35 亿美元的损失，并将在接下来的 10 年内继续给药品消费者带来 350 亿美元的损失。另外，FTC 的数据表明，如果禁止反向支付协议则可以在 10 年间为美国联邦财政节省 120 亿美元的费用。而且，这些用于支付给仿制药企的“价值转移”（value transfer）可以用在原研药企研究和开发新药上。美国司法部反托拉斯局的 DOJ 调查也发现，仿制药晚进入市场 1 年，消费者大约损失 140 亿美元。曾任美国 FTC 主席的莱博维茨的观点更加激进，他认为“价值转移”不仅禁止协议双方分享本该由静态价格竞争产生的低价这一消费者福利，而且反向支付协议还会降低动态价格竞争。

---

① Murat C.Mungan.Reverse Payments，Perverse Incentives[J].Harvard Journal of Law&Technology，2013（27）：36-41.

② Murat C. Mungan.Reverse Payments，Perverse Incentives[J].Harvard Journal of Law&Technology，2013（27）：36-41.

3.5 小结

实践中，反向支付协议经常发生在首仿者身上。原研药企与仿制药企达成协议后，仿制药企挑战专利有效性的动力就消失了。这主要是因为仿制药企通过和解协议能获得比胜诉更多的收益，所以仿制药企有较大的意愿和精力来提起第一个专利挑战，但却没有多少激励机制来将诉讼进行下去。所以说，“耗时、耗财及不可预测的 HWA 诉讼决定了达成反向支付协议对原研药企和仿制药企来说是双赢的。”①

美国规制反向支付协议的做法有以下三点：第一，赞同那些允许仿制药企在有效专利到期前进入的反向支付协议是有利于竞争的；相反，针对无效专利达成的反向支付协议并延迟仿制药进入的和解协议是损害竞争的。第二，虽然考虑到专利涉及技术分析由反垄断主管机构直接确定涉案专利权的效力不大可能，但将过高的支付金额作为专利权无效指标的做法具有一定的合理性。因为，如果不存在原研药企支付给仿制药企金额的对价证据，那么对价可能就是仿制药企同意延缓市场进入；考虑到划分市场行为本身所具有的显著反竞争效果，法院在判断时应当关注这一支付金额的大小。第三，比较支付金额与诉讼费的大小也是反垄断执法机构在分析反向支付协议时的一个可行做法。

窥探美国反托拉斯法近年来的发展规律可以发现，美国司法部门开始越来越依赖于“合理原则”来分析各种反竞争行为，并逐渐取代了“机械化”和“僵硬化”的“本身违法原则”分析。虽然后者使得司法机构判案更加省时省力，但很多时候依据“本身违法原则”判案是以牺牲创新者的经济利益和社会利益为代价的，因此不建议在进行反向支付协议分析时使用。

我国同样如此，在反垄断执法过程中，无论是反垄断执法机构还是司法机关都越来越仰仗“合理原则”分析垄断协议问题。虽然我国不存在催生反向支付协议的 HWA 法，以及高额专利诉讼费用促使原研药企和仿制药企达成专利和解协议的背景，但当分析那些同样没有类似 HWA 法的欧盟及其他国家对反向支付协

① Joanna T.Brougher.Intellectual Property and Health Technologies，Balancing Innovation and the Public Health[M].Springer Science and Business Media，2014.

议的反垄断审查后，可以得知反向支付协议在我国也必然会出现。因此，需要我国反垄断执法机构和司法部门考虑并重视起来。简而言之，美国经验中有关“合理原则分析法”的运用，考虑原研药企的支付金额、与权利人诉讼费用比较，以及仿制药企是否在专利期内进入等因素都值得我国反垄断执法机构思考和借鉴。

第4章 欧盟及其他国家规制反向支付协议的做法

尽管反向支付协议最早出现在美国，也最早在美国引起反垄断执法机构的反托拉斯指控，但近年来反向支付协议在其他国家（地区）出现的情形也屡见不鲜。其他国家（地区）与美国不同的是，美国的HWA法规定了给予首仿者180天的市场排他期和30个月的诉讼停止审批期。这种特殊的法律规定加重了美国反向支付协议反竞争的情形。因为，一旦原研药企与首仿者达成反向支付协议后，即可以阻止其他后续所有仿制药企的进入，形成所谓的“瓶颈效应”（bottleneck effect）。而在其他国家或法域中，由于不存在对首仿者赋予的180天市场排他期，所以一个原研药企更加有可能与多个仿制药企达成反向支付协议，这时反竞争的效果才更加明显，才更有可能违反竞争法的条款。

本章将对欧盟制药行业竞争调查报告中提到的反向支付协议进行分析，并详细论述欧盟委员会对制药行业专利和解协议的年度分析报告、欧盟委员会对反向支付协议展开的行政调查，以及欧盟于2016年9月宣判的第一起反向支付协议案件。同时，简略介绍反向支付协议在其他国家的反垄断规制现状。

4.1　欧盟药品管理制度与反向支付协议

4.1.1　欧盟药品管理制度概述

4.1.1.1　药品上市销售许可

与美国和其他国家类似，欧盟范围内的制药公司想要将药品上市也必须获得药品上市销售许可（marketing authorization，MA）。在欧盟，一共存在两种形式的销售许可批准：第一种是国内许可批准，由欧盟成员国国内相应主管机构颁发且仅效力于本国；第二种是共同体许可批准，由欧盟集中审批程序（Centralized Procedure，CP）颁发，效力于整个欧盟。第二种类型的销售许可由欧洲药品局（European Medicines Agency，EMA）主管，销售许可集中审批程序的内容在《欧盟理事会第 726 / 2004 号条例》（全称为《关于制定人用和兽用药物的欧盟审批与监督程序并成立欧洲药品管理局的第 726/2004 号条例》）中有所规定。

该条例涉及统一的申请、统一的评估、统一的许可及在所有欧盟成员国内销售药品的权利。具体由其下属人用药品审核委员会（Committee for Medicinal Products for Human Use，CHMP）对申请的药品进行科学分析。在收到 EMA 关于某一药品审核意见后，欧盟委员会将会决定是否授予效力于整个欧盟的销售许可。如果 EMA 给出了肯定意见，欧盟委员会一般不会持反对意见。

与美国相同，在申请 MA 的仿制药简略申请程序（abridged procedure）时，仿制药企无须提供自己的临床前试验和临床试验，只需证明仿制药产品是先前被批准的创新药的仿制品即可获得市场销售许可批准，因该许可批准是基于原研药企先前递交的且已获批的药品测试与试验数据，所以仅能在数据独占保护期过后才可获批。2004 年前，在原研药企药品专利存续期内，欧盟并不管制仿制药产品，而由各个成员国在国内法层面规定。在专利权到期前，为获取销售许可批准的研发是否构成侵权这一法律的不确定性迫使欧盟仿制药企需要等到专利到期后才能从事产品的研发和相关测试，这大大延迟了仿制药进入市场竞争的时间。而《欧盟理事会第 27 / 2004 号指令》（全称为《2004 年 3 月 31 日欧洲议会和理事会第

2004/27/EC 号指令》的颁布就是为了解决这一法律的不确定性。其中的“宝拉条款”（Bolar Provision）旨在给予仿制药企进入市场前的药品测试以豁免，来向美国做法靠拢。当参考产品（reference product）在欧盟仍处于专利保护期内时，该条款便为某些仿制药的测试和研究提供了一个“安全港”（safe harbor），以使仿制药企在被授予“初始销售许可批准”（original MA）的持有者的数据独占期到期后立即获得销售批准。因此，该指令实施后，仿制药企可以在专利到期前就获得生物等同性药品的市场批准，并允许仿制药企在专利一到期后就立即在市场上销售。

虽然欧盟存在简略新药申请制度，但与美国不同的是，在首仿者和其他仿制药申请者之间没有区别。由于不存在“专利链接制度”，欧盟的制度没有像美国FDA一样制造一个“瓶颈效应”。欧盟的某一药品管理部门并没有被禁止在专利到期前批准几个仿制药品。因此，每个仿制药进入者都有同样被原研药企提起侵权诉讼的风险，也没有必要激励首仿者去获取仿制药的排他权。所以，欧盟药品审批管制没有像美国一样自动创设一种临时的“双头垄断”（temporary duopoly）。

4.1.1.2 专利延长保护和数据专有权保护

欧盟药品专利保护期延长制度被称为“补充保护证书制度”（Supplementary Protection Certificate，SPC），其于 1993 年 1 月 2 日在欧盟生效，并自 1994 年 1 月 1 日起在欧洲经济共同体 EEA 内适用。欧盟药品专利保护期延长制度通过"补充保护证书"（SPC）实现，其核心法律依据是 2009 年 7 月 6 日生效的《欧盟第 469/2009 号条例》。根据该条例第 13 条规定，SPC 保护期的计算需同时满足以下两个限制条件（取较短者）:（1）自药品在欧盟首次获得上市许可之日起不超过 15 年;（2）自基础专利到期后不超过 5 年。根据《欧盟制药法典》第 10（1）第一段的规定，原研药企用来申报药品上市许可的临床前数据和临床数据可以获得 8 年的“管制数据保护”（Regulatory Data Protection，RDP，又称 Data Exclusivity），从其首次在欧盟范围内获得上市销售许可那日起算。在数据保护期到期之前，其他药企不可使用支撑所谓“相关产品”（reference product）的数据来递交仿制药的上市申请。

4.1.1.3　欧盟与美国监管的异同

4.1.1.3.1　仿制药激励机制

尽管欧盟有关“宝拉条款”的规定拉近了与美国药品管制法的距离，但美国于 1984 年发布的 HWA 法还允许仿制药申请者依据《联邦食品、药品与化妆品法》提出“第四声明”（即相关药品专利无效或仿制药不侵权）的模式以更早地进入市场。HWA 法使仿制药企在创新药专利到期前就有机会进入市场，并授予第一个从 FDA 依据“第四声明”获批的仿制药企以 180 天市场排他期的激励。然而，欧盟法中没有与之对应的 HWA 法激励机制规定，也没有 180 天市场排他期的规定[①]。但欧盟有“先动者优势”（first mover advantage）之说，只是这种“先动者优势”在欧盟表现得并不突出。欧盟制药行业调查报告显示，在第一个仿制药进入市场后一年，平均仿制药市场渗透率是 25 %，一年之后增加到 38 %[②]。此外，一般认为反向支付协议在美国的出现和肆虐正是由于 HWA 立法的特殊性所导致的。虽然美国国会在 2003 年对该法进行了修订以试图抑制反向支付协议行为，但却引发了一些新型“反向支付协议”的出现，它已不再局限于“由原研药企支付给仿制药企一定金额”的模式，而是变得更加隐蔽和多样。

此外，欧盟的反向支付协议的反竞争倾向比美国的反向支付协议反竞争倾向弱。因为在欧盟并不存在类似于 HWA 法促进闭锁的管制瓶颈，即欧盟管制机制中并不存在那些促进市场排斥作用而产生的“美国因素”。首先，批准原研药和仿制药并授予药品上市销售许可的药品安全管理部门并不考虑经济因素（如原研药企的专利权）。根据欧盟法律，仿制药的上市审批需考虑相关专利状态，但不直接以专利有效性作为审批前提。相关的欧盟法律指出：“在公共健康的利益中，是否授予上市销售许可的统一程序应基于相关药品的质量、安全性和有效性这些客观科学标准来考虑，而不考虑经济和其他因素”[③]。所以在美国，反向支付协议的反竞争倾向更大，但 2013 年美国最高法院在 A 案件中的判决还是采取了“合

① 在欧盟有和美国类似的“简略新药申请程序”，参见：欧盟议会指令 2001/83/EC 以及欧盟理事会 2001 年 11 月 6 日“关于人用药品统一编码指令”第 10 条内容，但没有授权成功的仿制药申请者以类似的排他期保护。

② EU Commission，Competition DG，Pharmaceutical Sector Inquiry Final Report，2009：87.

③ Regulation（EC）No.726/2004.Recital 13（该条例规定了共同体关于药品许可和监管的程序并建立了欧洲药品局。）

理原则”这种比较全面和保守的竞争分析方法[①]。

4.1.1.3.2 欧盟是否采取与美国相同的规制方式

毫无疑问，美国对反向支付协议规制的实践已经对欧盟竞争主管机构评判反向支付协议产生了一定影响。事实上，欧盟委员会的许多政策也参考了美国联邦贸易委员会的观点。但这并不是说欧盟要采取与美国相同的做法。欧盟委员会指出，欧盟现有的原研药企专利实施的法律程序在专利权人运用专利和消费者专利到期后获得低价药品之间维持了一个恰当的平衡。

美国对方向支付协议的做法是基于HWA法下特定的美国管制方式，况且HWA法本身在美国就颇有争议。[②] 正如斯文·加拉斯奇（Sven Gallasch）所指出的那样，完全基于支付规模来推测存在反竞效果是不恰当的。[③] 因为在美国相关市场可因为一个反向支付协议而受到排斥。原研药企通过大额支付引诱首仿者在某一段时间内不推出仿制药，由此推迟了仿制药排他权的时间，并因此延迟了其他仿制药的申请。基于这样的管制瓶颈，从支付规模角度推测存在反竞争效果是可行的，因为原研药向仿制药支付的规模与仿制药进入延迟之间存在因果联系。但在欧盟却不存在这样的管制瓶颈。欧盟药品管制机构批准仿制药时仅考虑健康和安全因素，并没有考虑专利等经济因素。反向支付一个仿制药企并不能由此确保原研药企在该协议期间内不受竞争的威胁，因为其他仿制药企还可以进入市场，尽管这些企业可能面临被原研药企指控为侵权的风险。这意味着不能假设某个反竞争排斥效果产生于原研药企和单一仿制药企间不进入或延迟进入市场的协议。

因此，多数观点认为欧盟不可盲目跟随美国做法来规制反向支付协议。有观点认为，在美国接受了严格反托拉斯调查的反向支付协议在欧盟没有较大的反竞争效果，所以美国反托拉斯机构丰富的实践经验可能只能有限地适用于欧盟。与美国相比，欧盟的管制机制是不同的和复杂的，并且考虑的关键因素是实际的市

---

① Sven Patrick Gallasch.The Anti-competitive Misuse of Intellectual Property Rights in the European Pharmaceutical Sector（Dissertation）[M].University of East Anglia，2014.

② Simon Priddis，Simon Constantine.Chapter 11：The Pharmaceutical Sector，IPRs，and Competition Law.Intellectual Property and Competition Law：New Frontiers，Edited by Steven Anderman，Ariel Ezrachi[M].Oxford University Press，2011.

③ Sven Gallasch.Role of competition in the pharmaceutical sector and its benefits for consumers[C]. Seventh United Nations Conference to Review the UN Set on Competition Policy, Geneva, 2015.

场结构，但也不建议欧盟委员忽视反向支付协议的问题。[①] 还有观点认为，欧盟委员会运用竞争法干预反向支付协议时应谨慎，只有当下述情况发生时，执法者才应视“价值转移”为违法的：①仿制药企获得的价值转移大大超过其放弃的价值；②专利权人支付的价值是因为延迟进入，而不是如分销或原材料获取等商业利益。[②] 笔者赞同这样的主张，即欧盟在规制反向支付协议时不可盲目借鉴美国的经验。而欧盟法院宣判的第一例反向支付协议案的结果也表明，欧盟采取了一种与美国不同且更加严格的规制方法。

4.1.2 欧盟竞争法对反向支付协议规制概述

4.1.2.1 竞争法基本制度

4.1.2.1.1《欧盟运行条约》第 101 条与第 102 条与反向支付协议

欧盟竞争法的规定主要体现在《欧盟运行条约》（TFEU）第 101 条和第 102 条（原《罗马条约》第 81 条和 82 条）中，第 101 条规定：“禁止有损欧盟统一市场竞争的限制性商业行为（restrictive business practices），包括协议、决定、一致行动”；欧盟委员会根据 TFEU 第 101 条审查那些可能影响欧盟贸易或阻碍限制竞争的协议和一致行动。与美国立法不同，TFEU 第 101 条包括三款内容，第 3 款涉及个别豁免的内容。TFEU 第 101 条的立法模式表明，“第 1 款和第 3 款本身就包括对合理因素的考虑。也就是说，欧盟对联合限制竞争行为（垄断协议）都是采用合理原则的。”[③]TFEU 第 102 条规定：“禁止具有支配地位的企业滥用支配地位的行为（abuse of dominant position）。”“在欧盟，没有专门针对制药行业的特殊竞争法规则，而是适用与其他行业相同的竞争法规则。然而，制药行业存在的

① Sven Gallasch.The Anti-competitive Misuse of Intellectual Property Rights in the European Pharmaceutical Sector（Dissertation）[M].University of East Anglia，2014.

② Simon Priddis，Simon Constantine.Chapter 11：The Pharmaceutical Sector，IPRs，and Competition law.Intellectual Property and Competition Law：New Frontiers[M].Edited by Steven Anderman，Ariel Ezrachi，Oxford University Press，2011.

③ 张穹 . 反垄断理论研究 [M]. 北京：中国法制出版社，2007.

特殊性也会对竞争规则的实施产生影响。”①

在欧盟，反向支付协议有可能违反 TFEU 第 101 条的规定，即“某一协议降低了来自仿制药市场进入带来的竞争压力；相反，仿制药企分享了原研药企的垄断利润从而被视为一种共谋行为而限制了竞争。”② 与美国不同是，在欧盟，反向支付协议也可能违反 TFEU 第 102 条的规定，即“涉及某些支配地位企业的单边行为，比如旨在排除仿制药竞争者进入市场的行为，这些行为有可能包括获取潜在市场进入者的关键性技术，或者由一个支配地位企业达成几个反向支付协议。”③ 有时甚至会出现同时违反第 101 条和第 102 条的情形。总体来说，实践中的竞争法案件更适用于第 101 条。因为第 101 条在欧盟委员会适用的时间更长，其涉及的原理是卡特尔模式。第 102 条还涉及相关市场和企业支配地位的确定，其中涉及复杂和精密的经济学分析。

当前欧盟判例法将第 102 条适用于制药企业的情况非常少。第 102 条的“支配地位”是指企业显著影响市场竞争状况的能力。在确定支配地位是否“滥用”时，要衡量企业的实际或潜在市场作用是否显著地影响了共同体内的贸易。在实际案例中，评估上述各种因素涉及大量的经济学分析和法律推理，需要耗费大量的时间和人力，且通常需要权衡利弊后作出最后判决。

4.1.2.1.2 集体豁免条例与反向支付协议

欧盟一些专门的集体豁免条例为企业提供了指南，说明哪些协议会被竞争法豁免。与药品专利最密切相关的豁免条例是《欧盟技术转让整体豁免条例》（Technology Transfer Block Exemption Regulation，TTBER）。TTBER 承认技术转让协议通常会提高竞争效率，促进企业竞争。只有当企业拥有较高的市场份额并同意在协议中包含特殊的损害限制时才有可能涉嫌违法。在适用 TTBER 的指南

① Jose Rivas，Geoffroy van de Walle de Ghelcke，Carmen Feito Perez.Chapter 18，Competition Law in the Pharmaceutical Sector：Guide to EU Pharmaceutical Regulatory Law（Fifth edition）[M]. Sally Shorthose（ed.），Bird&Bird LLP，Wolters Kluwer，Law &Business，2014.

② European Union.Antitrust: commission enforcement action in pharmaceutical sector following sector inquiry[EB/OL]. (2012) [2024-12-20]. http://europa.eu/rapid/press-release_MEMO-12-593_en.htm.

③ European Union.Antitrust: commission enforcement action in pharmaceutical sector following sector inquiry[EB/OL]. (2012) [2024-12-20]. http://europa.eu/rapid/press-release_MEMO-12-593_en.htm.

中，欧盟委员会承认“在和解协议和不声明协议中的许可协议并不必然限制竞争，因为它允许缔约方都使用相关技术。”[①] 但是，欧盟委员会表明：“这类协议中的个别条款和规定仍有可能违反《欧盟运行条约》第 101 条第 1 款的内容。”[②] 欧盟委员会界定：“当缔约双方都具有较大的市场份额时，且协议施加过分限制时，非常有可能违反第 101 条的内容。”[③] 虽然 TTBER 指南认可和解协议的好处，但是那些包含反向支付协议的技术转让协议中的个别条款和规定仍然有可能违反欧盟竞争法。

4.1.2.2　欧盟反向支付协议反垄断分析的基本框架

在欧盟竞争法中，分析反向支付协议应同时考虑适用第 101 条和第 102 条内容。通过运用第 102 条，竞争执法机构也可能会关注原研药企的单边行为。这种单边行为恰恰因为反向支付协议行为而得到加强。在这种情况下，分析第 102 条的内容对于竞争执法机构来说也是具有策略优势的。而且，事实上欧盟委员会针对反向支付协议已经展开了涉嫌违反第 101 条和第 102 条规定的反垄断行政调查。

4.1.2.2.1　反向支付协议是否属于第 101 条所禁止的“协议行为”

在欧盟竞争法成文法中对于何为“协议”并没有给出明文规定，对“协议”的定义是通过判例法模式确定下来的。欧盟普通审法院认为：“符合 TFEU 第 101 条第 1 款内容的‘协议’是指相关企业应表达在市场中以特定的方式从事行为的联合意愿。”欧洲联盟法院指出：“在禁止企业间的某些协议行为时，第 101 条并不区分那些以终止诉讼为目的的协议及那些有着其他未表明目的的协议。”[④] 所以，原研药企与仿制药企间达成的反向支付协议要求仿制药企在一段时间内不进入市场并由此从原研药企获得一定数量的价值转移。这种和解协议很明显是缔约双方

---

① European Commission. (2014). Guidelines on the application of Article 101 of the Treaty on the Functioning of the European Union to technology transfer agreements. Official Journal of the European Union, C 89/3, para. 244. https://eur-lex.europa.eu/legal-content/EN/TXT/?uri=CELEX:52014XC0328(01)

② European Commission, Guidelines on Article 101(3) TFEU [2004] OJ C101/97, para.46.

③ European Commission. (2014). Guidelines on technology transfer agreements. Official Journal of the European Union, C 89/3, para. 131.

④ C-588/16 P, Generics (UK) v Commission, EU:C:2018:713

的“意思一致”（concurrence of will），因此反向支付协议符合第101条规定的“协议”种类。

4.1.2.2.2 欧盟竞争法限制竞争的“目的”和“效果”分析

在实践中，欧盟竞争法第101条只有在相关协议在“目的上”（object）和“效果上”（effect）阻止、限制或扭曲共同体内市场时才适用。“目的上”限制竞争的协议不需要欧盟委员会考虑协议实际的反竞争效果就可直接判定违反第101条；而且“目的上”限制竞争的协议，从本质上看就具有第101条第1款所说的限制竞争的潜能。亨利·格拉博夫斯基（Henry Grabowski）认为反向支付协议是“效果上”限制竞争而不是“目的上”限制竞争，因为反向支付协议的本质是专利诉讼的和解协议，而一般认为和解协议是结束诉讼争端的合法途径，尤其是在专利诉讼耗时和耗费巨大的情形下①。确实，欧盟制药行业调查报告显示，反向支付协议并非全都限制仿制药的竞争，有些反向支付协议具有促进竞争的效果，其中只有一少部分会引起竞争法的审查。这使得欧盟委员会在最终调查报告中指出：“评估某个和解协议是否符合欧盟竞争法时，应当对该协议进行深入分析，要考虑事实因素、经济背景和法律背景。”②

因此，反向支付协议不应当被看作从“目的上”限制竞争。决定一个协议是否在“效果上”限制竞争时，要求证明其对品牌间或品牌内竞争协议可能产生的负面影响。根据欧盟委员会的相关指南所述，这种协议“必须实际或潜在地影响竞争，以至于在相关市场中对于产品或服务的价格、产量、创新、多样性或质量的负面作用可用合理的可能程度来预测。”③所以，欧盟委员会必须确定协议双方是否存在市场支配地位，以及协议是否可能导致加强或者维持该市场支配地位。④

在评估TFEU第102条支配地位是否滥用时，也涉及一个有争议的问题，即企业行为的“目的”（intent）。这一点对于分析制药企业策略性竞争行为的合法性非常重要。竞争法对于企业滥用行为的评估一般应当是客观的和中立的，并不考

① Henry Grabowski.Patents，Innovation and Access to New Pharmaceuticals[J].Journal of International Economic Law，2002（5）：707.

② EU Commission，Directorate-General for Competition. Pharmaceutical sector inquiry final report[R]. Brussels: European Commission, 2009: para.1530.

③ European Commission，Guidelines on the application of Article 81（3）（n 65）para. 24.

④ General Motors BV v Commission, Case C-551/03, ECLI:EU:C:2006:229, para. 25.

虑某一行为的“目的”或其商业原理，需要考虑的仅仅是某一行为在相关市场中所导致的（潜在的）促进竞争和反竞争的“效果”。但在有些情况下，“目的”却可间接地成为相关因素。比如，当被评估竞争行为的唯一目的就是排除竞争者时，行为“目的”就很容易证明或者假定存在反竞争的市场“效果”，这时就无须提供实际反竞争“效果”的证据了。这一原则也体现在了欧盟关于 TFEU 第102 条实施指南中，即“任何排他性策略的直接证据（如将考察公司内部文件）对于解释反向支付协议行为是有帮助的。”

4.1.2.2.3 是否需要考虑专利权效力

从经济学角度看，那些具有延迟仿制药市场进入的专利和解协议经常涉及“信息不对称”问题，和解协议双方对于相关专利的强度及案件的胜诉率有着不同的观点。和解协议可以降低诉讼的不确定性，对双方来说是最好的结果，即原研药企可以维持其专利排他权直到专利到期，而仿制药也会获得一部分利润而不是输掉官司并一无所有。因此，当原研药专利权人相信其弱专利可能会被无效掉或者当仿制药挑战者估计涉案专利较强时，和解的价值对于双方来说较高。这种和解协议是否对公共利益造成福利损失取决于专利强度本身，而这也正是反向支付协议本身所避免受到专利权评估的原因所在。

反垄断执法机构及法院在分析反向支付协议时，一个关键问题是是否需要分析涉案专利的效力问题。笔者赞同以下观点，即如果分析涉案专利权的效力会要求详细评估和解的专利诉讼可能的结果，并且评估争议专利的强度，欧盟委员这样做会抢了专门专利法院本应做的工作。，其实，让欧盟委员会竞争局承担判断专利权效力的工作从本质上讲是十分困难的。如果当和解双方都已知道专利诉讼结果的不确定性已被消除时，欧盟委员会就不用再猜测涉案专利的效力问题了，有一种可能是调查中发现公司的内部文件可以表明专利权人是知道涉案专利无效的。欧盟委员会的这种做法与美国最高法院判定 A 案件时的主张一致，在该案中最高法院也认为无须评判反向支付协议涉案专利的效力问题。

4.2 欧盟委员会制药行业竞争调查报告与反向支付协议

4.2.1 欧盟行业调查报告与反向支付协议概述

欧盟的制药行业是一个受高度管制的行业，既在欧盟层面受管制，也在成员国国内层面受管制。虽然欧盟没有如同美国1984年HWA法的对应内容，尤其是180天的市场排他期，但在美国受到FTC严格规制的“反向支付协议”问题，也逐渐受到了欧盟委员会的密切关注。早在2008年，欧盟委员会就依据《欧盟运行条约》第17条[①]的规定，启动了对制药行业的部门调查，并于2009年7月公布了终版制药行业竞争状况调查报告。对欧盟各行业展开行业调查是欧盟竞争法和竞争执法机构实施行政调查权的一种手段。2008年1月16日，欧盟委员会以“晨袭”（dawn raids）的形式对制药行业的竞争状况展开了全面调查，并向200多家原研药企和仿制药企发放了涉及领域广泛（如诉讼行为和专利情况）的问卷调查。在该调查报告中重申了欧盟委员会的一般政策性目标：“为欧盟范围内的患者提供安全、有效和可负担的药品，同时创造一个鼓励研究，激励有价值创新和支持产业竞争的商业环境。”[②]通过这种行业调查，欧盟委员会可以主动确定各种反竞争行为并制定全面的实施策略[③]。

但无论如何，欧盟的立法者都需要考虑一个所有政策措施的平衡问题，即考虑医疗创新的速度和药品质量、可获取性及药品价格水平的效果。因此，当前医疗体系中的大部分，尤其是药品的定价和报销管制在欧盟各成员国间没有协调起来，所以并不在欧盟立法者直接的管理之下。欧盟委员会报告也肯定了，在欧盟

---

① Article 17 of Treaty on the Functioning of the European Union，《欧盟实施条例1/2003》第17条规定：“当成员国间的贸易趋势、价格僵硬或者存在其他情形表明共同体内的竞争受到限制或歪曲时，委员会可以针对某特定领域或跨领域地从事行业调查。在调查过程中，委员会可以要求企业或行业协会提交涉及《罗马条约》第81条和第82条的相关信息，并基于此目的对此信息予以审查。委员会可以特别要求某些企业或行业协会报告其协议、决定或一致行动。委员会还可以发布行业调查结果报告，并向相关利益方公开征求意见。”

② EU Commission，Competition DG.Pharmaceutical Sector Inquiry Final Report，2009.10，478.

③ Neelie Droes.Making Waves：Interview with EU Commissioner For Competition[J].Antitrust ABA，2008，22（47）：5.

许多成员国的国内政策有限性已经转向了一个更严格的药品定价和报销制度。

与美国强势管制反向支付协议不同，欧盟对反向支付协议的管制力度要温和得多，欧盟行业调查报告中列出了 2000 年至 2007 年间共 45 项专利和解协议（仅占总数的 8%），其中只有 23 个协议涉及“价值转移”，金额总和为 2 亿欧元。而这只是美国单一反向支付协议案中涉及的价值转移的一半。欧盟委员会 500 多页的调查报告重点关注了原研药企和仿制药企的专利和解协议行为，声称这种协议可被视为违反 TFEU 第 101 条的限制性贸易行为。报告尤其强调了那些涉及“价值转移”的协议（又称为“反向支付协议”），即从原研药企向仿制药企支付的用来换取仿制药企不提出专利挑战和不在专利正式到期前进入市场的协议。从欧盟委员会行业调查报告中，可以得知专利和解协议问题已经成为欧盟关注的一个重点。此外，欧盟 2009 年调查报告在篇尾处强调：欧盟委员会将采取更加严格的反托拉斯规制措施来对待制药行业的反竞争行为。其中欧盟行业调查报告给出的一个解决办法就是，由专利权人披露所有关于可专利性标准的实质信息。但这种做法可能会增加权利人的成本。

4.2.2　欧盟行业调查报告评述

欧盟行业调查报告中重点关注的几种行为之前并没有成为欧盟竞争法关注的对象，但该报告并没有解释清楚在何种情形下这些行为有可能违反竞争法，报告的模糊性遭到了许多评论者的批评，而且有评论者指出“欧盟委员会总是习惯于展开不妥的晨袭行动并开始一连串令人恐怖的问卷调查，其中充斥着要求企业立刻作出回应的模糊问题。”[①] 根据调查报告中的数据分析显示，原研药企所采取的策略行为造成仿制药的平均进入时间是 1.5 年至 2.8 年（或者 19 % 到 35 %），针对仿制药企的策略成功延迟了仿制药本来可能更早的进入时间[②]。对此，原研药企已多次为自己辩护，指责仿制药的延迟进入是由管制体制造成的，并指责调查报告的方法论和评估结果都有错误。分析欧盟制药行业调查报告发现，欧盟的报告并没有提供一个清晰的法律评估作为未来避免反竞争指控指南的基础。

① Marc P.Philipp.Intellectual Property Related Generic Defense Strategies in the European Pharmaceutical Market，MIPLC，2010.

② EU Commission，Competition DG.Pharmaceutical Sector Inquiry Final Report，2009.370，508，§1059.

许多观点认为，在欧盟委员会对制药行业进行调查后，欧盟对专利和解协议的立法态度仍然是模糊的。依据 TFEU 第 101 条的内容是允许达成知识产权诉讼和解协议的，而且欧盟委员会 TTBER 指南也认可了和解协议的好处。这一理论在欧洲联盟法院的“不质疑条款”相关案件中得到了支持，即“在禁止某些企业间的协议时，TFEU 第 101 条第 1 款不区分以结束诉讼为目的的协议和有其他目的的协议之间的不同。”虽然欧盟于 2009 年对制药行业进行调查的目的是多重的，并声称关注的是涉及第 102 条的单边行为，但结果是该报告却给予了反向支付协议高度的关注。其原因在于第 101 条的证据发现较为容易，而第 102 条的行为在确定市场支配地位和企业滥用行为时具有一定困难。总之，欧盟行业调查报告体现了欧盟委员会对反向支付协议反竞争问题的重视。

4.3 欧盟委员会专利和解协议年度监控报告分析

除了对制药行业进行系统全面的竞争状况调查，欧盟委员会认为正如调查报告所宣称的那样，有些专利和解协议可能涉嫌违反竞争法，所以有必要对专利和解协议进行监督并发布年度监督报告。欧盟委员会分别于 2010 年、2011 年、2012 年、2013 年、2014 年、2015 年、2016 年、2017 年、2018 年、2019 年、2020 年、2021 年对欧盟制药行业的专利和解协议展开了调查，迄今已形成了 6 份详细的监控报告。欧盟对制药领域专利和解协议的反垄断调查，表明制药领域的竞争状况不如预期的那样好。2009 年，时任欧盟委员会竞争专员的尼利·克罗斯（Neelie Krose）在解释展开调查的原因时，曾说道：“如果没有创新性产品推出，并且现有药品的低价仿制药替代品被延迟进入市场，那么我们就需要查明原因并适时采取行动。”他还说道：“在制药行业需要更多的竞争和更少的官僚习气；制药领域对欧洲居民的健康和政府的财政来说太重要了；这一调查报告告诉了我们该领域存在的问题，现在是时候采取行动了；当涉及仿制药企市场进入问题时，仿制药品延迟进入的每一周和每一月都正花费着患者和纳税人大量的费用，我们应毫不犹豫地将反托拉斯法规则适用于这种反竞争行为。”[①] 而且，欧盟 2009 年行业调查报告在篇尾处强调欧盟委员会会采取更加严格的反托拉斯规制措施来对待制药行业的反竞争行为，专利和解协议年度监控报告就是其中的举措之一。基于篇幅所限，下文将主要分析 2012 年度监控报告及 2015 年度监控报告。

4.3.1　2012 年度监控报告

4.3.1.1　简介

依据欧盟 2012 年颁布的第三份制药行业监控报告，专利和解协议可依据以下两个标准进行分类：第一，协议是否存在限制仿制药企进入市场能力的可能性；第二，是否存在原研药企向仿制药企的价值转移。

4.3.1.1.1　是否限制仿制药进入

这种情况可以被进一步区分，即仿制药企进入市场的能力可受到以下几种方式的限制：第一，最直接的限制是和解协议中的一项条款明确表明，仿制药企不质疑原研药企专利的有效性（不质疑条款，non-challenge clause），以及（或者）仿制药企在专利到期前不进入市场（不竞争条款，non-compete clause）；第二，原研药企授予仿制药企进入市场的许可，因为仿制药企不能凭其自身的产品单独进入市场或者不能自由确定其商业条件，故此，仿制药企的市场进入就部分地受到原研药企许可协议条款的限制；第三，此外，如果仿制药企将向原研药企寻求“活性药成分”（active pharmaceutical ingredient，API）的供货来源，双方可以达成协议使仿制药企成为原研药企产品的分销商。

4.3.1.1.2　是否存在价值转移

这种情况可以进一步被区分为：第一，最简单的价值转移形式，即从原研药企向仿制药企的现金转移（如一次付清）；第二，其他形式的价值转移，如分销协议（distribution agreement），该协议规定原研药企给予仿制药企以商业利益，比如允许仿制药企在专利到期前进入另外一个地理范围的市场，或者允许仿制药企进入原研药企销售的另一产品市场；第三，直接授予仿制药企进入市场的许可。

① Antitrust：Shortcomings in Pharmaceutical Sector Require Further Action.http：//europa.eu/rapid/press-release_IP-09-1098_en.htm.

4.3.1.1.3 其他分类

如从另外一个角度进行划分，专利和解协议还可被分为以下几种类型（见表4-1）。

表 4-1 专利和解协议的分类

<table>
<tr><td colspan="2">A 类</td><td>不限制仿制药企进入市场的协议</td></tr>
<tr><td rowspan="2">B 类
限制仿制药企进入市场的协议</td><td>B1 类</td><td>不存在从原研药企向仿制药企的价值转移</td></tr>
<tr><td>B2 类</td><td>可能存在从原研药企向仿制药企的价值转移</td></tr>
</table>

（资料来源：2012 年欧盟委员会制药行业第三份监控报告）

很明显，对于 A 类，不涉及欧盟竞争法的问题。对于 B1 类，虽然不涉及“价值转移”，但也有可能招致欧盟竞争执法机关的审查。这种情况可能是在专利排他权范围外达成的和解协议，专利权人知道自身不能满足可专利性的要求，即专利是依据错误的、误导的或不完整的信息而被授予的。对于 B2 类，该类型最有可能招致反垄断审查，但并不能断言这种类型的协议就一定违反欧盟竞争法，仍需要基于个案进行详细分析。

4.3.1.2 相关数据分析

2012 年度监控报告的数据显示，在 2011 年 1 月 1 日至 2011 年 12 月 31 日，共有 56 个原研药企和 73 个仿制药企向欧盟委员会递交了涉及欧盟市场的专利和解协议副本，这些企业是被选择出来与欧盟委员会制药行业调查进行合作的。该年度报告的数据显示，在 56 家原研药企中，有 24 家达成了专利和解协议，比例为 43 %；在 73 家仿制药企中只有 12 家达成了专利和解协议，比例为 16 %。2010 年第二份监控报告数据显示，原研药企达成专利和解协议的比例为 22%，仿制药企达成专利和解协议的比例为 23 %。2010 年第一份监管报告针对的是 2008 年 7 月 1 日至 2009 年 12 月 31 日间的第一份监控报告数据显示，原研药企达成专利和解协议的比例为 40%，仿制药企达成专利和解协议的比例为 47%。在 2000 年至 2008 年间，原研药企达成专利和解协议的比例为 53%，仿制药企达成专利和解协议的比例为 44%。由此可以看出，专利和解协议的总数量处于上升趋势。

此外，2012 年第三份监控报告的数据显示，A 类专利和解协议占总量的 70 %；B1 类专利和解协议占比 19 %；B2 类型专利和解协议占比 11 %。这一比例可以与往年的数据进行比较（见表 4-2）。

表 4-2　专利和解协议类型所占百分比

年度类型	2000—2008（上半年）	2008（下半年）—2009	2010	2011
A 类	52%	57%	61%	70%
B1 类	26%	33%	36%	19%
B2 类	22%	10%	3%	11%

（资料来源：2012 年欧盟委员会制药行业第三份监控报告）

在第三份监控报告中还指出，那些包含“价值转移”为获取仿制药延迟进入的专利和解协议不仅可能违反《欧盟运行条约》第 101 条，还“有可能招致最为严格的反托拉斯审查”①。

总之，欧盟委员会发布的第三份制药行业监控报告对上一年度的专利和解协议达成情况进行了调查，共涉及欧盟范围内的 120 个专利和解协议。与前两次报告相同的是，2012 年度监控报告显示了欧盟制药领域持续增加性地出现专利和解协议，而且欧盟委员会先前对该领域的监控并没有对 B2 类专利和解协议的达成起到威慑作用。但总体来说，B2 类协议在专利和解协议总数中维持着一个较低的水平。在 2000 年 1 月 1 日至 2008 年 6 月 30 日期间，B2 类和解协议占总协议的 22 %，即平均每年有 5 个 B2 协议。这一比例在 2011 年间下降到了 11 %。此外，2012 年度监控报告显示，总涉及协议（A 类 +B1 类）中有 89% 从表面上看都不会引发欧盟竞争法的审查。但从表 4-2 中可以看出 B2 类协议比例在 2010 年降至最低（3%），2011 年虽小幅回升，但整体呈下降趋势。欧盟委员会仍需监控所有协议类型，尤其是 B1 类高风险协议，同时关注 B2 类协议是否被用于规避监管。

① European Commission，Directorate-General for Competition. 3rd report on the monitoring of patent settlements[R]. Brussels: European Commission, 2012.

4.3.2 2015年度监控报告

4.3.2.1 概述

根据欧盟委员会发布的第四次（2013年）和第五次（2014年）行业监控报告显示，可以看出有可能是基于2009年欧盟行业调查报告的威慑力及欧盟委员会对部分药企的反托拉斯调查，反向支付协议的数量与行业调查报告发生时期的数量相比有所下降，支付金额的数量也大幅下降。2013年和2014年的年度监控报告和2009年度的监控报告一样，都没有给出判断反向支付协议的具体做法。但是这两次的年度监控报告已经表明，即使没有现金支付的反向支付协议也可能违反欧盟竞争法，其原因既可能是基于欺诈行为（deceptive conduct），也可能是该协议对仿制药施加了专利权范围外的其他限制[①]。

4.3.2.2 2015年度监控报告

欧盟监控专利和解协议达成的第六份年度报告于2015年12月2日发布，在此次年度报告中，欧盟委员会竞争局照例对上一年度内的药品专利和解协议进行了数据统计。第六份监控报告和前五份一样，首先介绍了有关专利和解协议的两种类型：第一种为协议是否预测了限制仿制药企进入市场的能力；第二种为协议是否包含从原研药企向仿制药企的价值转移。在这次调查中，共有54个原研药企和57个仿制药企按欧盟委员会的要求递交了涉及欧盟市场的所有专利和解协议。图4-1展示了欧盟在2000年至2014年间专利和解协议年度数量及INN（国际非专利药品名称）数量。

① Richard Eccles.EU：European Commission Reports on the Monitoring of Patent Settlement Agreements.News Update，Bird&Bird.2010.

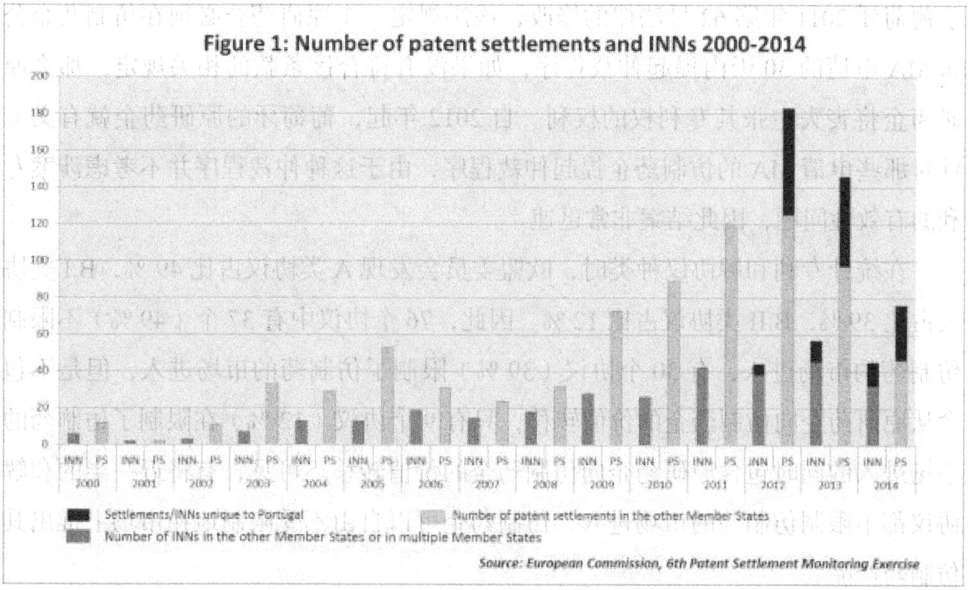

图 4-1　欧盟 2000—2014 年间专利和解协议年度数量及 INN 数量

（资料来源：2015 年欧盟委员会制药行业第六份监控报告）

从图 4-1 可以看出，在 2000 年至 2008 年间，专利和解协议的数量总体偏少，随后专利和解协议数量显著增长，在 2012 年达到了最高峰，但从 2012 年开始数量明显下降。决定这种数据变化的原因有多种，如专利到期的药品数量、双方和解的意愿、药品专利诉讼和争端总体数量的增加等①。该报告还显示在 2014 全年，54 家原研药企中有 19 家达成了专利和解协议（占比 35 %），57 家仿制药企中有 12 家达成了专利和解协议（占比 21 %）。原研药企在过去几年间达成的专利和解协议占比分别为：2010 年的 22 %，2011 年的 44 %，2012 年的 38 %，2013 年的 37 %；而仿制药企在过去几年间达成的专利和解协议占比分别为：2010 年的 23 %，2011 年的 16 %，2012 年的 30 %，2013 年的 35 %②。

欧盟委员会以欧盟成员国为视角，对这些和解协议中至少涉及一个成员国的情形进行了国别分析，结果发现葡萄牙的专利和解协议数量最多。主要原因取决

① European Commission，Competition DG.6th Report on the Monitoring of Patent Settlements，EU，2015.6.

② European Commission，Competition DG.6th Report on the Monitoring of Patent Settlements，EU，2015.7.

于葡萄牙2011年第62号法律的修改，该法规定一个原研药企必须在仿制药企公布MA申请的30天内提起仲裁程序，如果没有符合该条款的相关规定，那么原研药企将丧失主张其专利权的权利。自2012年起，葡萄牙的原研药企就有义务针对那些申请MA的仿制药企提起仲裁程序，由于这种仲裁程序并不考虑涉案专利的有效性问题，因此结案非常迅速①。

在统计专利和解协议种类时，欧盟委员会发现A类协议占比49 %，B.I类协议占比39 %，B.II类协议占比12 %。因此，76个协议中有37个（49 %）不限制仿制药的市场进入，有30个协议（39 %）限制了仿制药的市场进入，但是不包含从原研药企向仿制药企的价值转移；只有9个协议（12 %）在限制了仿制药的市场进入的同时包含原研药企向仿制药企的价值转移。可见，有将近一半的和解协议都不限制仿制药的市场进入，仿制药企可以自由不受限制地在市场上推出其仿制药产品。

企业间达成这类协议的原因有很多，协议的表现形式也多种多样。欧盟委员会又进一步地对A类协议进行了细分。第一，涉及从原研药企向仿制药企的价值转移的A类协议占27 %。这种协议类型，大多数情况下支付的金额涵盖了诉讼费用或损害赔偿额，当原研药企获得了一个针对仿制药产品的临时禁令后又担心败诉的情况下会达成此类协议，仿制药企可以主张其产品在被禁止时期失去利润的损害赔偿金。第二，从仿制药企向原研药企的价值转移的A类协议占19 %。这种类型的协议是当仿制药企已经冒险进入市场，在诉讼过程中相关专利保护期到期。在这种情况下，诉讼可能继续进行，如果原研药企想要主张仿制药企侵权并收回损害赔偿，当仿制药企估计法庭有很大的可能性判决其侵权时，仿制药企会决定通过和解支付给原研药企一定价值的赔偿（通常涵盖诉讼费以及为避免进一步诉讼产生的额外损失额）。第三，不存在任何价值转移的A类协议占54 %。这种协议类型是当双方当事人同意终结诉讼但不包含任何承诺或义务，当双方认为继续诉讼是浪费金钱和资源的情况下最有可能缔结。

如果不考虑涉及葡萄牙的和解协议，B.I类占据了46个协议中的3个（7%），A类占据了34个（74%），B.II类占据了9个（20%）。下面是欧盟历年专利和协

① European Commission，Competition DG.6th Report on the Monitoring of Patent Settlements，EU，2015.8.

议所占比例变化情况（见表4-3）。

表4-3 欧盟历年专利和解协议所占比例

	2000—2008（上半年）	2008（下半年）—2009	2010	2011	2012		2013		2014	
					所有和解协议	除去含葡萄牙的协议	所有和解协议	除去含葡萄牙的协议	所有和解协议	除去含葡萄牙的协议
A类	52%	57%	61%	70%	43%	61%	45%	67%	49%	74%
B.I类	26%	33%	36%	19%	51%	30%	47%	22%	39%	7%
B.II类	22%	10%	3%	11%	7%	10%	8%	11%	12%	20%

（资料来源：2015年欧盟委员会制药行业第六份监控报告）

在报告总结部分，欧盟委员会竞争局通过将B.II种类的协议与前五份监控报告中的协议作出对比后发现，欧盟委员会过去几年对于继续规制审查B.II类型协议的宣告并没有从整体上阻挡企业缔结此类协议。但总体来看，B.II这种最有可能招致竞争主管机关审查的协议在2014年仍然保持着较低的比率。从2000年1月1日到2008年6月30日，B.II类型的和解协议占所有协议的22%，在2014年下降为12%，如果除去涉及葡萄牙的和解协议的话，B.II协议占比为20%。从初步印象来看，大约88%的和解协议属于不会招致竞争法管制的种类。因此在大多数情况下，药企可以达成协议而不用担心竞争法的规制。报告提出，在未来欧盟委员会可能会继续监控和解协议的达成情况，以进一步了解该行业的竞争状态①。

4.3.3 小结

笔者认为专利和解协议的争端问题只有在专利的效力或实体范围可疑时才落入卡特尔法的范围；只有当竞争对手药企同意限制，而这个限制超过了专利排他

① European Commission, Competition DG.6th Report on the Monitoring of Patent Settlements.2015.15.

权的范围，这种不竞争的协议才应当是欧盟 TTBER 第 4 条第 1 款中提到的核心限制（hardcore restriction）。而且，欧盟制药行业竞争调查报告和六份年度监控报告提供的数据显示，真正被欧盟竞争法禁止的专利和解协议较少，并非所有的反向支付协议都是违法的，所以仍应当对反向支付协议进行个案分析。美国最高法院 A 案件确定下来的传统“合理原则分析法”对欧盟委员会的执法虽然有一定的启示作用，但欧盟竞争法基于自身的判例法实践已经可以处理该问题了。

4.4 欧盟委员会对反向支付协议的行政调查

与美国情况不同，欧洲的专利和解协议之前并没有引起欧盟委员会的过分关注。但受美国 FTC 过去二十几年间对“反向支付协议”频频发难的影响及欧盟制药领域滥用市场支配地位的竞争法案例的影响，欧盟委员会已经对制药行业的竞争状况展开了细致调查。近些年，欧盟委员会已经针对几家大型制药企业的专利和解协议行为展开了反垄断审查并作出了相应的处罚决定。

4.4.1 案件 1

2012 年 7 月 25 日，欧盟委员会对丹麦的一些药企发布了反对信（statement of objections），认为这些企业涉嫌阻碍抗抑郁仿制药的市场进入。欧盟委员会认为协议旨在阻止价格低的仿制药进入市场，因此违反了欧盟竞争法《欧盟运行条约》第 101 款的“目的上限制竞争的行为”。其实，欧盟委员会对某药企反向支付协议案件最早的关注始于 2003 年，并在 2008 年发布制药行业调查报告后重启了对某药企的调查。2009 年 12 月对某药企展开了“晨袭”（dawn raid），并于 2010 年 1 月正式启动反托拉斯调查程序。在 2012 年的“反对信”中，欧盟委员会初步确认丹麦的某药企与仿制药企缔结协议以阻止仿制药企进入市场销售某药企最畅销的一类抗抑郁药的仿制药版本。该药企与其他存在直接竞争关系的仿制药企签订了协议，后者承诺不进入该类抗抑郁药的仿制药市场，而由该药企支付给竞争者一定的价值转移。这一价值转移既包括直接的金钱支付，也包括其他形式，如该药企根据一个“分销协议”购买仿制药的库存或“保证的利润”

（guaranteed profits）。该行为一旦成立，将涉嫌违反《欧盟运行条约》第 101 条关于禁止限制性商业行为的内容。欧盟委员会认为该行为有可能产生较大的消费者损失，因为该行为有可能延缓仿制药进入市场长达两年之久[①]。2013 年 6 月 19 日（在美国最高法院对 A 案件作出判决的两天后）欧盟委员会对该药企和其他几个仿制药生产商分别作出了不同数额的罚款。

在该判决中，欧盟委员会强调了区分"目的上限制竞争"和"效果上限制竞争"的重要性。欧盟委员会在判决中使用了"三部测试法"来分析"目的上限制竞争"的专利和解协议：首先，原研药企和仿制药企必须是潜在的竞争者；其次，仿制药企必须在协议规定的期限内承诺在一个或多个欧洲经济区内限制其独立的竞争行为；最后，协议必须包含从原研药企向仿制药企的价值转移行为，且该行为能显著降低仿制药企进入市场竞争的动机[②]。如果上述三个条件满足，那么该协议就被欧盟委员会视为"目的上限制竞争的行为"，此后就由和解协议双方承担举证责任证明协议不限制竞争。在该案件中，涉案原研药企已经上诉至欧盟普通法院。2015 年 10 月，法院已经针对几家仿制药企进行了口头听证，并于 2015 年 11 月对涉案原研药企展开了口头听证。在口审中，涉案原研药企辩称其所达成的协议是为了阻止"不可避免"的商业损害，其中包括国家医疗体系因为仿制药的进入而对原研药报销比例的下降[③]。目前，该案已在欧盟普通法院作出了判决。

4.4.2　案件 2

2012 年 7 月 30 日，欧盟委员会向一些药企发出了反对信。欧盟委员会认为法国某制药企业及其他几个仿制药竞争者将延迟仿制药的市场进入。法国某药企与其他仿制药企间达成的专利和解协议及该药企对关键性技术的收购行为都旨在延缓或阻止某药品的仿制药版本进入市场参与竞争。欧盟委员会宣称该药企不仅引诱仿制药企达成专利和解协议延缓了仿制药的进入，还不正当地维持了自己在

① Antitrust：Commission Sends Statement of Objections to Lundbeck and Others for Preventing Market Entry of Generic Antidepressant Medicine.http：//europa.eu/rapid/press-release_IP-12-834_en.htm.

② CASE AT.39226，Comission Decision of 19 July 2013—Lundbeck，para 661.

③ Report of the Hearing（26 November 2015），Case T-472/13 Lundebeck v.European Commission，paras 172-174.

相关市场上的独占地位。欧盟委员会认为该协议违反了欧盟竞争法《欧盟运行条约》关于禁止限制性商业行为和支配地位滥用的第 101 条和第 102 条的内容。2014 年夏天，欧盟委员会基于支配地位的滥用对该药企施加了巨额罚款。在此案件的判决中，欧盟委员会指出："尽管和解协议中的限制没有超过专利权的实际范围，但当那些限制没有正当理由，而且限制不是出自排他权本身而是出自价值转移和仿制药的不进入，那么这种协议被视为违反第 101 条的协议行为。"[①]值得注意的是，在此案件中，欧盟委员会也指控其违反了第 102 条支配地位滥用条款。欧盟委员会认定涉案原研药企对关键性技术进行了收购。欧盟委员会对此案件的判决，表明了委员会持有这样的观点：当药企拥有一项有效专利并享有某项药品的合法垄断权且当该企业又收购了一项稀有的且可行的药品生产技术时，其就存在违反《欧盟运行条约》第 102 条的可能性。但究竟一项技术是如何"稀有的"且"可行的"，判断标准仍然不清晰；如果对于"稀有的"和"可行的"作出过于宽泛的解释会不当地将专利保护药品的生产商封锁在一个更无效和成本更高的药品生产方法中[②]。

4.4.3 案件 3

2011 年 4 月 28 日，欧盟委员会对两家药企展开了反垄断调查，欧盟委员会怀疑两家企业签订的专利和解协议阻碍了某仿制药进入欧洲经济体市场，因此涉嫌违反《欧盟运行条约》第 101 条的内容。早在 2005 年，这两家药企就在英国和美国分别就涉案药品达成了专利和解协议，和解协议规定涉案仿制药企在 2012 年 10 月之前不在欧盟市场内销售涉案药品的仿制药。该和解协议中还包括一系列其他的附属协议，并因此在美国受到了反托拉斯调查[③]。

4.4.4 案件 4

2011 年 10 月 21 日，欧盟委员会针对美国某公司和瑞士某制药公司展开了反

① CASE AT.39612，Commission Decision 0f 8 July 2004-Perindopril.

② Patrick Harrison，Kristina Nordlander.EU/US Patent Settlements：An Overview of Leading Cases. e-Competitions，No.58749.2015.2.30.

③ Antitrust：Commission Opens Investigation against Pharmaceutical Companies Cephalon and Teva. http：//europa.eu/rapid/press-release_IP-11-511_en.htm.

垄断调查，主要目的是调查两家企业签订的旨在阻碍一种治疗慢性疼痛的强止痛药的仿制药在荷兰的市场进入。欧盟委员会认为该协议涉嫌违反《欧盟运行条约》第 101 条的内容[①]。2013 年 12 月，欧盟委员会对涉案的美国某原研药企作出了超一千万欧元的罚款[②]。

4.5　欧盟普通法院有关反向支付协议的第一起判决

在上文中提到的案件 1 和案件 2 中，欧盟委员会都依据“目的上限制竞争”作出了违法判决。据舆论估计，上诉的制药公司获得最终判决需要等待 2 至 6 年的时间，但根据欧洲联盟法院最近的一些判决可以显示出欧洲联盟法院很可能支持欧盟委员会对“目的上限制竞争”解释的扩大化适用[③]。最重要的一点是，尽管欧盟委员会已经对反向支付协议展开了行政处罚，但还有众多问题需要法院的进一步确认，如哪些反向支付协议应当被视为“目的上限制竞争”，哪些应被视为“效果上限制竞争”？仿制药企在什么情况下被视为“潜在的竞争者”？如何定义“价值转移”以及其何时会影响其接受者？[④]

2016 年 9 月，欧盟普通法院作出了支持 2013 年 6 月 19 日欧盟委员会下发的对原研药企和其他几个仿制药企的判决。这是欧盟普通法院第一次审理反向支付协议的案件。欧盟委员会认为原研药企是“目的上限制竞争”，也就是说该协议行为对竞争的损害非常大，无须评估该非法协议产生的“效果”。欧盟普通法院支持了这一观点并指出，该和解协议实际上是一个排斥性的协议，广义上类似于 TFEU 第 101 条第 1 款禁止的两种限制性的协议，即“限制生产的协议”和“划

---

① Antitrust：Commission Opens Proceedings against Johnson&Johnson and Novartis.http：//europa.eu/rapid/press-release_IP-11-1228_en.htm.

② European Commission Press Release.Brussels，10 December 2013 Antitrust：Commission fines Johnson&Johnson and Novartis　€ 16 Million for Delaying Market Entry of Generic Pain-killer Fentanyl.http：//europa.eu/rapid/press-release_IP-13-1233_en.htm.

③ Patrick Harrison，Kristina Nordlander EU/US Patent Settlements：An Overview of Leading Cases. e-Competitions，No.58749.2015.2.24.

④ Patrick Harrison，Kristina Nordlander.EU/US Patent Settlements：An Overview of Leading Cases. e-Competitions，No. 58749.2015.3.6.

分市场的协议”。初审法院还确认了，并不是所有的专利和解协议都是非法的，有些协议是专利争端寻求妥协的合法方式，但本案中，有两个事实因素表明该协议是“目的上限制竞争”：一是原研药企支付的数额相当于如果仿制药企成功进入市场所预期的成本；二是协议中没有条款来确保仿制药企能够在协议到期后在市场上推出自己的仿制药。

最后，欧盟普通法院确认了欧盟委员会的观点，即专利和解协议不能依据 TFEU 第 101 条第 3 款而豁免，因为该协议没有产生“促进竞争的效益”。欧盟普通法院尤其指出，该案的和解协议对于原研药企保护创新激励来说不是必需的；没有为消费者带来任何利益；也没有节省诉讼成本，因为协议并没有解除各方任何的专利争端[①]。

欧盟普通法院对本案的判决传递了一个清晰的信息，即不能仅因为某个协议涉及了专利就被排除出竞争法。在有了欧盟普通法院的支持后，欧盟委员会可能将继续积极评估制药产业原研药企和仿制药企间的协议。通过反对反向支付协议，欧盟委员会认为，如果仿制药企本有可能成功地挑战原研药企的专利，那么协议就是人为地维持了那些本不应被授予的专利。基于专利诉讼固有的复杂性和不确定性，对于反托拉斯执法者来说很难作出这样的假设。针对该判决结果，可能有许多制药企业都对初欧盟普通院的解释不满，包括学界和实务界人士在该案司法判决前就指责欧盟委员会的判决过于严厉。

诚然，欧盟普通法院的判决并不是终审结果，当事人有可能会进一步上诉到欧洲联盟法院。原研药企也已经发表一封声明表明不接受该判决结果，并会考虑上诉。此案的判决对正在卢森堡审理的其他反向支付协议案件有重要意义。那些希望终止正在进行的专利诉讼的原研药企和仿制药企应认真考虑其和解协议的条款，尤其关注这类协议的整体范围和其包含的任何价值转移。

但笔者认为，欧盟委员会及欧盟普通法院所采用的“目的上限制竞争”的分析与美国最高法院在 A 案件中确定下来的“合理原则分析法”相比更为严厉，容易忽视这类协议可能存在的促进竞争的一面。

① T-472/13 - Lundbeck v Commission.

4.6　反向支付协议在其他国家的反垄断规制

4.6.1　欧盟成员国

近两年，在欧盟成员国中，英国和荷兰竞争主管当局也对反向支付协议展开了调查。与美国反托拉斯法不同，欧盟成员国对反向支付协议进行的指控不仅涉及限制竞争的协议行为，也涉及支配地位的滥用。英国公平贸易局同时也调查了某药企的反向支付协议行为，指控其滥用支配地位并从事反竞争的协议行为。在荷兰，消费者与市场局指控某药企违反了《荷兰竞争法》第 24 条[①]的内容，并同时违反欧盟竞争法 TFEU 第 102 条的内容。但最新的资料显示，荷兰竞争当局对某制药企业的反向支付协议调查结果显示，该药企并没有违反荷兰竞争法和欧盟竞争法中支配地位滥用的条款。此外，法国竞争局（French Competition Authority，FCA）也对反向支付协议涉案的制药企业施加了罚款。

4.6.2　加拿大

4.6.2.1　加拿大药品规制制度概述

在加拿大，反向支付协议的产生是基于一个仿制药企依据《专利药品合规通知条例》（Patented Medicines Notice of Compliance Regulations，PMNOC Regulations）向原研药企挑战专利。根据 PMNOC，一个仿制药企可以申请“合规通知”（NOC），并向原研药企通知挑战其专利或者宣称自己不侵犯专利。比如，当某个加拿大仿制药企递交仿制药上市申请时，该仿制药企业也向药品专利权人递交一个 NOC 来声明不侵犯相关专利。然后，专利权人有 45 天时间决定是否在联邦法院提起诉讼来寻求法庭禁令，以禁止药品管理机构批准仿制药企的申请。如果最终原研药企未能在 PMNOC 程序下捍卫自己的专利权，那么根据 PMNOC 条例第 8 条的规定，原研药企将承担仿制药被排除出市场这段时间内的损害赔偿。在加拿大，原研药企向仿制药企支付金额的可能性与美国不同。尽管反向支付协

① Article 24 of Dutch Competition Act，Act of 22 May 1997.

议在其他法域中被热烈讨论，但加拿大竞争局从实施角度还没有对反向支付协议作出判决。2013 年 11 月，出于对反向支付协议的关注，加拿大竞争局召开了座谈会讨论仿制药企的哪些策略和行为可能受竞争法规制，其中就包括专利和解协议。该座谈会吸引了来自竞争局、美国联邦贸易委员会、法律部门和学界约 100 名专家学者。

4.6.2.2 反向支付协议规制

2014 年 9 月，加拿大竞争当局颁布了《专利诉讼和解协议：加拿大视角》（下文简称“和解协议”）。在白皮书中，加拿大当局指出反向支付协议有可能对竞争产生不利影响，并指出加拿大竞争局有可能适用《竞争法》第 45 条有关“共谋行为”的刑事制裁条款和第 79 条与第 90 条民事条款来共同规制反向支付协议。在白皮书中，加拿大竞争局列出了评判专利和解协议时需要考虑的几个因素：从原研药企向仿制药企支付对价的种类和金额、仿制药进入的时间及其他可以获得的证据。该白皮书的作用在于提出反向支付协议在加拿大需要得到迫切的重视。和美国不同，加拿大没有要求制药企业在达成这类协议时向竞争局报备通知。2016 年 3 月 31 日，加拿大竞争局颁布了《知识产权实施指南》（IPEGs），增加了三种新的知识产权领域滥用行为（专利主张实体、反向支付协议和标准必要专利问题），反向支付协议就是其中一种。2019 年 3 月最新版本的 IPEGs 重申了上述三种需重点审查的行为，其与 2016 年的观点一脉相承，但更加细化。有观点认为，IPEGs 比起先前的“和解协议”对反向支付协议的态度更加缓和。加拿大竞争局提出，许多涉及原研药企和仿制药企的专利案件是由《专利药品合规通知条例》来规制的，其中许多案件在法官作出判决前就已经和解了。加拿大竞争局认为允许仿制药企在专利到期前进入市场并且原研药企没有支付金额的和解协议是不限制竞争的，加拿大竞争局将此类协议称为“进入 - 分摊和解协议”（entry-split settlements）。如果一个原研药企向仿制药企支付了金额，并允许仿制药企在专利到期前进入市场，竞争局将依据竞争法评估该协议。依据竞争局的观点，如果支付的目的是延缓仿制药的进入，那么该支付有可能损害竞争，加拿大竞争局将依据《竞争法》“竞争者间的协议行为”条款的规定来评估这种专利和解协议，也可以依据《竞争法》第 79 条的“支配地位滥用”条款来评估该专利和解协议。

加拿大竞争局指出，在大多数案件中，竞争局将反向支付协议视为《竞争法》中民事竞争者间的联合行为。只有当一项协议排除了仿制药生产者在专利到期后的一段时间内才能进入，或者竞争局有充分的资料证据表明原研药企和仿制药企都认为涉案专利无效时，竞争局才会将此类行为视为刑事问题。当协议不涉及价值转移时，以及允许仿制药企在专利到期前或者专利一到期就可进入市场时，则属于安全地带。同时，竞争局还通过审查原研药企支付给仿制药企的金额数量来决定一项支付的目的是和解案件还是为了延缓仿制药的进入。当双方当事人具有支配地位或联合具有支配地位时，以及该协议导致了或者便利了对竞争者具有如排斥性的负面效果的行为，或者该协议将严重损害市场内的竞争时，竞争当局也可以基于支配地位的滥用来审查反向支付协议。加拿大竞争局可以依据《竞争法》第 45 条有关“共谋的规定”来审查一个专利和解协议。此外，加拿大竞争局强调“刑事调查”仅在“有限的情况下”才进行，只有当企业达成协议的目的是固定价格、分割市场或限制产量时才适用。

这种限制白皮书中宽泛刑事条款适用的做法与其他国家的实践相一致。加拿大竞争局仍然保有可能适用刑事条款的权利。这虽然可能招致批评，但在实践中真正适用刑事条款的可能性非常小，因为刑事条款适用的现实条件很有限，而且加拿大竞争局承担的举证责任也非常大。据称，IPEGs《知识产权实施指南》（征求意见稿）吸引了各界的关注，包括美国律师协会和前美国联邦贸易委员会的竞争官员。2019 年 3 月，加拿大竞争局终于通过了其修订版的《知识产权实施指南》，该指南的发布对制药企业提出了新的挑战，因而制药企业不得不慎重考虑其未来的竞争策略。如今，2019 年修订的 IPEGs 仍然是指导加拿大知识产权法与竞争法互动的关键政策文件，但其适用正面临新的调整压力，尤其是在制药行业反垄断执法和专利策略审查方面。由于 2023 年加拿大《竞争法》迎来了重大修正（如扩大“滥用支配地位”的认定范围），加拿大竞争局表示将“适时更新 IPEGs 以匹配法律变化”，但尚未公布具体时间表。

4.6.3　其他国家

巴西、印度、澳大利亚等国的竞争法主管机构都对反向支付协议展开了竞争法调查并施加了相应的罚款。2014 年，印度竞争委员会（Competition Committee of India，CCI）展开了两起反向支付协议调查，并有可能参照美国 FTC 的做法。巴西的保护经济行政委员会（CADE）对此也采取了措施。2014 年 2 月，澳大利亚竞争法执法机构对其药企提起了诉讼，虽然该案件与传统的反向支付协议不同，但其反竞争效果和仿制药延迟进入是相同的。

综上，起始于美国 20 世纪 90 年代的反向支付协议已经在世界范围内越来越受到重视，即使各国没有类似于美国 1984 年 HWA 法的相关立法，但原研药企与仿制药企间的反向支付协议问题仍然在世界范围内成为反垄断主管当局规制的目标。这一现象也更加凸显了本书研究的现实意义。

4.7 小结

针对反垄断法对反向支付协议的规制问题，本书认为反垄断法在干预企业合法获得并持有的知识产权前应当予以慎重考虑。虽然欧盟委员会制药行业竞争调查报告认为欧洲单一专利的建立有助于解决反向支付协议的问题，但欧盟专利法改革本质上是否会单独针对制药行业的特征进行改变是值得质疑的；同样，由专利局通过提高专利质量来确保“坏专利”不被授权的作用也是有限的。因此，“需要承认的是，任何一个市场参与者肯定会利用专利制度（或其他法律制度）来为自己谋利益，但这不一定意味着他们的行为是滥用性质的。尽管在某些情况下，其他参与者可能因此受到竞争损害，然而这就是竞争的本质。”[①] 所以，本书认为对于反向支付协议的反垄断规制仍需依赖个案分析，宜采纳美国的“合理原则分析法”。

通过上文对欧盟及其他国家规制反向支付协议做法的分析，可以得出以下几个结论。

第一，总体来看，与美国相比，欧盟范围内的专利和解协议的反竞争性质并不明显。在欧盟历年的行业监控报告中涉及最有可能被竞争法规制的 B.II 类协议

① Simon Priddis，Simon Constantine.Chapter 11：The Pharmaceutical Sector，IPRs，and Competition Law，Intellectual Property and Competition Law：New Frontiers[M].Oxford University Press，2011.

的比例一直不高，大多数是根本不涉及竞争法规制的 A 类协议。所以，欧盟范围内的反向支付协议的竞争危害性不如美国明显。因此，整体规制力度也没有美国大。但 2016 年 9 月欧盟普通法院对某药企作出确认欧盟委员会“目的上限制竞争”规制方法的判决结果，着实有些出乎意料，笔者认为这种过于严厉的反垄断规制方法不宜采纳。

第二，随着各国经济一体化及法律制度的日趋融合，可以看出美国最高法院 2013 年判决的 A 案件对欧盟委员会和欧盟司法机关乃至其他国家分析反向支付协议都产生了一定的影响。虽然不同法域在药品审批管理制度和仿制药激励机制等方面存在较大不同，但仍表现出了美国反托拉斯执法机构和反托拉斯司法案件判决的广泛影响力。这一现象也说明了，在任何一个单一国家发生的反向支付协议都有可能对其他国家或地区的经济贸易及司法判决产生或多或少的影响。而美国最高法院所采纳的“合理原则分析法”也是比较理性和成熟的规制方法。

第三，反向支付协议并不是美国独有的一种限制竞争的协议行为。虽然展现美国特殊药品管理制度的 HWA 法对于仿制药挑战专利、180 天市场排他期及 30 个月诉讼停滞期具有美国特色，但反向支付协议本身并非以这些因素为基础而存在。发生在欧盟、欧盟成员国、加拿大、印度等国的反向支付协议案件及有关反向支付协议规制的立法尝试都已经充分说明原研药企与仿制药企间达成协议延缓竞争的行为值得我国反垄断主管机关密切关注。

第5章 原研药企药品专利常青行为的反垄断规制

原研药企药品专利常青行为的反垄断规制是一个复杂且多维度的问题，药品专利常青（patent evergreening）是指原研药企通过微小的技术改进或新发明申请新的专利，从而延长其药品的专利保护期限，以维持市场垄断地位。

5.1 药品专利常青有关问题的厘清

5.1.1 药品增量创新

在国的法律制度中，专利制度与创新的关系最为密切。由于药品专利允许企业合法排除其他人制造或销售相同药品，因此制药企业通常会依赖专利保护其新药投资并维持竞争优势。根据技术变革的程度，创新可分为突破型创新和增量创新。突破型创新又称“开创型创新”，是根本或非连续性的创新，指全新创新的生成，并经常具有创造全新市场或取代现有创新的潜力；而“增量创新”又称“改进型创新”，是对现有创新的提高式利用，其创新程度较低，涉及风险较小和花费时间较少，具备较少的前沿性。基于上述分析，从技术变革的激烈程度看，似乎单个突破型创新的重要性大于单个增量创新，但是大量增量创新的累积也为进一步地进行突破型创新奠定了基础，这一特征在高度依赖专利保护的制药行业尤为突出。药品专利的增量创新涉及仿制药市场进入及药品使用者低价获取药品等公共健康等问题，其与其他行业专利增量创新相比格外引人关注。这是因为，按照制药行业的惯例，当以研发新药为基础的原研药企的专利药品到期后，以生产具备“生物等效性”仿制药的仿制药企进入市场后会大幅拉低专利药品的价格，这一由竞争带来的降价能切实惠及药品消费者与一国医疗保险开支。然而，近年来，随着原研药企开发新药难度的增加和世界主要经济体专利制度对专利保护力度的加强与保护范围的扩充，药品专利的增量创新在整个药品专利中所占比例越来越大。

当“药品增量创新”被作为原研药企的一种专利竞争策略并持续不断地围绕基础一代专利申请二代专利时，这种行为就被形象地称之为“药品专利常青”行为。一方面，“药品专利常青”客观上延缓了仿制药的进入时间，增加了消费者的医疗成本；另一方面，过度与持续的“药品专利常青”也会导致市场上真正的新药越来越少，不利于制药产业整体创新能力的发展和对某些疑难杂症药品的研发激励。所以，解决“药品专利常青”问题究竟是依赖于专利法的内在完善机制，还是仰仗于反垄断法的外部介入。这是本章要论述的内容。

迄今为止，药品专利常青现象已引起各国反垄断执法机构的重视与关注。欧盟在2008年制药行业调查报告中对原研药企的二代专利申请行为进行了关注；美国和加拿大对原研药企申请二代药品专利并完成从一代专利药品到二代专利药品的“药产品转换行为”进行了反垄断调查；澳大利亚的专利长青行为也较多；以印度为代表的一些发展中国家已经针对专利常青在国内专利法中规定了严格的“创造性标准”。因此，对所有的药品增量创新都授予专利保护是否是对专利制度的一种滥用？药品专利增量创新是否会对仿制药及其他竞争者的市场竞争产生负面影响？反垄断法在何种情况及程度下介入？本章试图回答药品专利常青在专利法中的合理性问题及反垄断法的规制问题。

5.1.2 药品增量创新与药品专利常青的关系

药品增量创新[①]一般指以下几个过程：扩充治疗类别（therapeutic classes）、增加可获得的剂量选择（dosing options）、发现已知药物新的生理交互作用（physiological interactions）及改进现有药物的其他性质（properties）。具体来讲，"药品增量创新"包括通过改进复杂分子结构来扩充现有治疗类别，重组药物以提高患者的药物使用度，或开发已知药物的新用途等[②]。也可以将药品专利增量创新简单理解为通过新剂型或已知化学实体的使用方法对已知化合物进行改进。这种创新建立在已有技术的其他特征基础上，因此被称为增量创新。尽管一项增量创新可能具有某些临床效果，但是其研发比较容易且研发费用较低。有预测数据指出，增量创新药物的研发费用仅为新分子实体药物成本的四分之一[③]。

与药品增量创新概念相比，药品专利常青[④]的概念具有一定的主观判断性和贬义色彩。"专利常青"被认为是一种口语化的表述，迄今没有一个权威的定义[⑤]。有学者指出："药品专利常青是专利权人在原始一代专利基础上策略性地提交专利申请，不当利用专利法及相关法规延长专利垄断权的行为，尤其是指针对高

---

① 与"药品增量创新"概念相关的另一个概念是"me-too 药"，它是指药效和同类突破性药物相当的药物，其不同于仿制药，也具有专利的保护，但其研发是在现有药物基础上进行的，研究的要点是找到不受专利保护的相似化学结构，这种研究有时可能得到比突破性药物活性更好或有药代动力学特色的药物，本书所说的"增量创新药品"的概念要大于"me-too 药"。尽管消费者一般把药物分为原研药和仿制药，但原研药还有两个不同的科学种类。一个原研药既可以是一个之前从未批准上市的分子，也可以是对之前存在的增量修改；它们的学名被称为"新分子实体"（new molecular entity，NME）和"增量修改"（incremental modification IMD）。虽然发现新分子的过程较长，但非常有可能产生质量方面的不同；一项增量修改，尽管拥有某些临床优势，但很可能是对现有治疗水平的提高。比如，不同的剂量或不同的服用方式（口服而非注射）就是增量修改。

② IFPMA.Incremental Innovation：Adapting to Patients Needs.International Federation of Pharmaceutical Manufacturers&Associations，2012，8.

③ Federal Trade Commission. To Promote Innovation：The Proper Balance of Competition and Patent Law and Policy，2003.3，8.

④ 需要明确的是，"专利常青"策略并非制药产业独有，其他如电子和通信行业也时有发生，只不过"专利常青"在制药产业表现得更突出，又因涉及一国公共卫生开支而引发较大关注。

⑤ Stephanie Crosbie.The Limited Impact of Evergreening Practices in Australia[J].Journal of Law Information and Science，2014，23（2）：84.

盈利专利药的常青问题。”[①] 这种原研药企针对仿制药企采用的竞争策略，通过对一代专利药品的反复重制（reformulation）行为得以延长一代专利的保护范围与保护期间。一般可以把“药品专利常青”的重制行为分为如下三类（见表 5-1）。

表 5-1　原研药企重制药品常青行为的种类

序号	药品重制的类型
1	涉及药品的新剂型，如在胶囊、片剂、缓释、咀嚼片等类型间转换
2	增加或去除复合物以改变原分子的组成部分
3	将之前分开销售的两种或多种药品予以组合

总之，“药品增量创新”这一概念本身并无褒贬之分，但如果涉及药企（通常是原研药企）利用专利制度策略性地申请二代专利并企图排斥仿制药市场进入时则被称为“药品专利常青”，这也是本书所使用的概念。当药品增量创新被原研药企作为一种市场中排斥仿制药企竞争的策略申请二代专利且获得专利并对竞争产生不利影响时，可能就涉及反垄断法规制问题。鉴于“药品专利常青”涉及专利法和反垄断法两种制度，因此需要先在专利法框架下对其合理性予以评价，然后再分析是否需要反垄断法规制的问题。

5.1.3　药品专利常青产生的原因与背景

5.1.3.1　药品专利常青产生的原因

从药品研发特征等因素分析原研药企从事策略性专利常青行为的动因是理解这一行为的出发点，其产生原因主要有以下几点。

第一，制药行业的药品研发周期长、投入大、风险高等特征已成为共识。美国药品研究和制造商协会的分析数据显示，一般产业的研发比例通常不足 4%，但制药产业从 1980 年开始研发占销售额的 8.9%，1990 年上升至 14.4%，自 1998 年起研发比例更是高达 16% 至 17%[②]。另欧盟委员会对制药产业调查结果显示，

① Thomas R. Patent “Evergreening”: Issues in Innovation and Competition[J].Congressional Research Service，2009，1（1）：10-11.

② PhRMA.New Drug Approvals in 2010.

欧盟 2007 年处方药的研发经费占总支出的 18%[①]。鉴于此，原研药企从降低药物开发风险角度出发将目光纷纷集中于对已有化合物的改进上。此外，在历经了过去几十年新药研发的高速增长后，当今原研药企面临着研发新药越来越难的处境，这也迫使原研药企将目标转向药品的增量创新上。

第二，专利制度虽然赋予发明人 20 年的市场排他期，但由于新药研发过程漫长及药政部门对药品"安全性"与"有效性"的行政审批需耗费大量时间。而且基于药品的特殊属性，药品专利权人往往在药品研发的初级阶段就申请专利，待药品的临床前试验、临床试验、药政部门审批和正式上市后，药品专利的实际有效保护期往往只剩 8 至 10 年左右。在市场利润驱动下，原研药企会想方设法延长专利保护期。虽然美国和欧盟等经济体已规定了药品专利保护期延长制度，但最长分别不得超过 14 年和 15 年。这种现状也促使了原研药企纷纷在自身核心药品专利到期前即展开各种延长专利保护期的策略，反向支付协议便是其中一种，对药品的增量创新申请专利是另外一种，其结果可能导致创新药研发与创新药市场化的减少。

第三，当今世界主要经济体对专利权采取的皆为强保护做法，主要表现在专利权主题范围的扩充、专利权保护期的延长、授予专利权标准的放宽、专利申请费用的降低等。这种强专利保护带来的可专利性（patentability）门槛的降低也直接造成了药品专利增量创新数量的增加。对此，有观点认为，"专利申请数量和授权数量的激增并不是创新的一个可靠指标，在美国及其他国家中，专利申请量和授权量的增加不是由研发的增加造成的，而是因为国家专利性审查机关和法院对可专利标准予以了放宽。"[②] 此外，亚当·杰夫（Adam B. Jaffe）和乔西·勒纳（Josh Lerner）也提出，美国联邦巡回上诉法院（CAFC）已经通过制定较低的专利保护门槛的方式来鼓励权利人去扩充专利的范围[③]。

第四，专利法给予每个药品相同的排他权保护期。药品越是增量创新，其研发成本和投入时间就越少；尽管该问题很少被讨论，但基于有限的数据可以表明这类药品的研发费用比研制新化合物的费用低。因此，制药企业将重点放在药品

① EU Commission，Competition DG.Pharmaceutical Sector Inquiry Final Report，2009.32.

② EU Commission，Competition DG.Pharmaceutical Sector Inquiry：Preliminary Report，2008.

③ 杰夫，勒纳 . 创新及其不满：专利体系对创新与进步的危害及对策 [M]. 罗建平，兰花，译 . 北京：中国人民大学出版社，2007.

增量创新上并非没有道理。的确，现实中增量创新药品的比例还在持续增加，因此增加更多保护措施来促进创新是十分有必要的。此外，针对美国、澳大利亚和欧洲的药品创新研究发现，大多数的新药都是增量创新的，大约只有 10% 至 30% 的药品比现存药品具有更大的治疗价值。

第五，近年来开发新化合物专利（new chemical compound）的难度增大也成为原研药企选择保存现有实力避免开发新药的动因之一。有数据表明，美国在 2005 年至 2009 年间，每年大约有 23 个新药和生物制剂获得美国食品药品监督管理局的批准，比 1995 年至 1999 年间每年下降 37 %。此外，新药占比不足三分之一意味着原研药企更愿针对已有药物开发新用途、新剂型等，而非研发全新药品。

5.1.3.2　药品专利常青产生的背景

美国对知识产权的改革在过去半个世纪影响了全球，其中一个原因就是基于美国 1952 年专利法改革的结果。改革最重要的一个修订就是删除了“天才之念”的要求，以“某领域中拥有一般技能的人”的技术判断为标准。改革对药品的立法和实践有两个长远的影响：首先，增量创新的价值得以增加，改革为这类专利和相关产品的发明铺下了合法道路。其次，促进了 20 世纪 80 年代的生命科学专利的发生。此外，1980 年美国《拜杜法案》允许大学发明人申请专利，使美国国内大学纷纷寻求许可和其他技术转让的利润；紧接着在 1984 年，HWA 法设立了药品专利延长和鼓励仿制药挑战专利的规定，这直接导致了仿制药比例的增加。

世界贸易组织（WTO）框架下的《与贸易有关的知识产权协定》(下文简称“TRIPS 协议”）在 20 世纪 90 年代中期谈判成功并被成员国批准生效，紧接着出现了由美国主导的双边或多边自由贸易协定，这些自由贸易协定被证明是在全球扩展药品链接制度的最佳工具。由于药品专利保护的链接规定超过了 TRIPS 协议的专利制度范围，因此专利链接被视为“TRIPS-PLUS”标准。此后，就出现了一系列的法律改革来降低可专利性标准（patentablility），包括可专利主题、显而易见性、实用性，从而进一步增加了“专利蛋糕”的整体体积。但随之产生的一个问题就是专利的质量问题。

有研究表明，大多数被授权的专利只能给权利人带来很少的收益或零收益，而且接近一半的被授权专利后续被权利人放弃。"药品增量创新"的问题在制药产业中非常重要，因为许多二代创新与现有治疗相比并没有多少临床效果。的确如此，通过可专利主题、创造性、新颖性标准的改变，单一专利和聚合专利组合保护期延长以及为审批目的的临床试验数据专有权保护期延长等做法，已在全球范围内见证了专利和相关管制保护机制的胜利。

当竞争是增量时，专利法必须决定如何在初始创新者和改进创新者间进行分配。我们需要考虑的问题是，增量创新或者常青药品专利是否会经常被视为弱专利。美国 FTC2002 年发布的报告显示，仿制药企挑战原研药专利的胜诉率为 73%，其中有 28% 的专利被判决无效，有 35% 的案件被判不侵权，有 10% 的案件在最终判决出来前由权利人撤诉了[①]。欧盟对制药行业的调查报告显示，在深入调查中所选的 2000 年到 2007 年失去专利权保护的药品样本中，有 40% 属于原研药企推出的二代专利或跟进专利药品，有将近 60% 的原研药企和仿制药企的专利相关诉讼中涉及从一代产品向二代产品的转换行为[②]。这些数据似乎恰恰表明了药品增量创新中存在问题的专利不在少数，由此引发了各界人士的讨论与争议。

5.1.4 药品专利常青的反对声与支持声

由于整个药品创新是不同的、分散的活动集合，所以药品增量创新有时被称为"微不足道的创新"（trivial innovation）。尽管从医学临床角度看，药品增量创新在扩充治疗类别和剂量选择中扮演着重要的角色，但批评者仍然宣称药品专利的增量创新可能是药企扩充药品专利独占权的一种策略，那些与已知化合物相关的专利（如新剂型、新剂量、晶型等）经常被药企策略性地用来排除市场上的竞争对手。虽然药品增量创新的产生与数量增长有其存在的动因与合理性，但基于药品专利增量创新涉及药品消费者和国家医疗保险开支等公共健康问题，仍存在不少反对声音。

尽管增量创新在每个行业都存在，但在制药行业却具有特殊性。因为二代药物申请专利经常伴随着大规模有效的促销活动，使消费者转向原研药企新申请专

① Federal Trade Comission.Generic Drug Entry Prior to Patent Expiration，FED.2002.

② EU Commission，Competition DG.Pharmaceutical Sector Inquiry Final Report，2009.

利的药物上。二代药物通常在初始药物专利快到期而仿制药上市前推出。而且，原研药企通常要么降低新药的价格，要么直接将旧药撤市以促使转向新药。评论者认为，原研药企具有较大的意愿来申请二代专利以延迟仿制药竞争。他们的专利申请有可能阻碍 ANDA 的批准，即使申请没有获批。此外，原研药企申请二代专利的成本较低，而且申请无意义的专利并没有什么不良后果。原研药企将这些专利长期申请行为作为企业复杂竞争策略的一部分。这毫无疑问地引发了消费者保护组织和仿制药企业的强烈反对。

5.1.4.1　概述

“药品专利增量创新”离不开整个专利制度发展的大背景，代表发展中国家利益观点的卡洛斯·M. 柯莱亚（Carlos M. Correa）认为，“随着增量创新在各个行业中占据主导地位，专利制度已经逐渐偏离其促进真正发明的目标，而成为一个保护开发增量创新投资的制度了，而不论某一专利是否真正具有创造性。”[①] 在制药行业中存在一个特殊的现象，药品消费者无法分辨基础专利药品与二代专利药品孰好孰坏对他们购买的处方药没有完全对称的信息。只有医生能够更好地评估新药价格的合理性，但相关研究已经表明医生对药品价格并不敏感。即使医生对药品价格敏感，他们可能也无法评估是否新药更优良，因为医生通常就是原研药企推销新药的受益者。而且，已经有研究数据显示，原研药企花在营销上的资金要多于开发新药的支出。所以在处方药市场上，真正的消费者没有决定权，非消费者的医生却掌握着决定权。

5.1.4.2　对于药品专利常青的异议

如果增量创新不能给患者在现有药物治疗的基础上带来显著利益，那么满足可专利性标准及定价或报销的标准时就会出现问题。在此情形下，原研药企那些具有新颖性却没有多高治疗效果的药品就会被授予排他权，而排他权可能被滥用来转移至二代产品并以此维持该项权利。蒂莫西·穆里斯（Timothy J. Muris）认为，“如果专利审查过程太过宽松，比如专利被授予给那些没有满足可专利性标准的、

① Carlos M.Correa，Pharmaceutical Innovation and Incremental Patenting[J].Third World Resurgence，2013（273）：22-25.

微不足道的，甚至是没有改进的发明的话，其他竞争者的竞争将受到阻碍。”[①] 在现有体制下，制药公司在利益驱动下仍会关注那些有利可图的疾病类药品，甚至当可替代治疗已经存在且健康成本最低时，制药公司仍会对增量创新申请专利以延长已有药品的市场排他期。结果导致专利法鼓励制药公司花费过多的资金在药品增量创新上，并花费资金在竞争性营销和专利诉讼策略上，而不是将资金花费在开发有最大健康影响的真正创新性药品上。对此可以通过竞争法的介入来解决这一问题，防止药企通过专利权封锁市场。也可以运用严厉的反托拉斯法来阻止药企从事产品转换行为和其他类似的专利保护期延长策略，因为严厉的反托拉斯执法将有助于防止仿制药被排斥并确保有效的竞争。

针对原研药企策略性专利长期申请的做法，仿制药企认为，在对一个药物产品进行改进的基础上获得多个专利，从而延长专利独占期的做法是对专利权的滥用，其阻止了仿制药参与市场竞争并对公共卫生福利产生了负面影响。更有评论者将专利常青策略形象地称为“专利永远不会从树枝上掉下来”。他们认为，在制药产业实践中，药品专利常青在阻止仿制药竞争和增加患者与保险公司医疗保健成本方面的副作用已经显现。有研究调查了三个市场排他期通过常青策略被延长了的品牌药，并得出结论，如果同类仿制药在原始专利到期后即刻上市，医疗体系共可节省约 15 亿美元的支出。还有一项英国的研究也表明，选取作为样本分析的六种药品的产品重制（即二代专利）每年耗费英国医疗服务 1.64 亿英镑至 3.69 亿英镑[②]。药品消费者群体与仿制药企表达了对药品专利常青的不满，提出应首先在专利法框架内解决药品专利常青问题，如建议提高药品专利的授权质量，对药品专利的创造性标准提出更高要求等。

总之，批评者认为，虽然药品专利增量创新符合科技发展规律，并且是在现有专利制度背景下产生的，但仍应警惕那些仅仅是对已知物质的新用途、不同剂量剂型的发明给予专利保护。批评者认为这种原研药企所采取的企业竞争策略会对药品市场竞争造成损害，是对专利权的一种滥用；还认为只有那些符合严格专

① Timothy J.Muris.Competition and Intellectual Property Policy：The Way Ahead.American Bar Association，Antitrust Section，2001.http：//www.weil.com/wgm/cwgmhomep.nsf/Files/MURISSPEECH/$file/MURISSPEECH.pdf.

② Rathod Sandeep K.Ever-greening：A Status Check in Selected Countires[J].Journal of Generic Medicine，2010，231（7）：24.

利授权标准的申请才能获得专利，并且每项专利的范围应当与其在发明方面所作出的贡献相当。

5.1.4.3　药品增量创新对药企的好处

有原研药企业的代表对药品增量创新的益处进行了详细分析，并总结了药品增量创新的十大好处：①增量创新可反映制药行业研发的现实情况。虽然不能保证首个上市的药品一定是最优的，某些新药对于疾病的治疗是具有革命性突破意义的，但也有些新药体现的是增量效益，这些增量效益为突破性改变提供了路径。②增量创新可支持治疗类药物的发展。治疗类药物有多种应用形式，不能保证首个上市的药品对所有患者来讲都是最佳的治疗选择。③增量创新可支持改进的药物治疗用法，如施加更小更少的药物剂量。④可以对增量创新进行持续的改进，大量增量创新的累积效果有时比早期的突破型创新更具变革性。⑤增量创新可提高临床的选择性，在同类药品中存在替代品可使医生根据患者差异提供不同的选择。⑥增量创新可促进价格竞争，不同的治疗方式导致不同治疗领域中的价格竞争对大多数患者来说是件好事。⑦增量创新可为医疗体系带来经济价值，众多研究已证明在整个医疗预算中创新性疗法具备成本效用。⑧增量创新应被政府定价政策所承认，应根据新药的实际治疗价值进行衡量和奖励，而非根据简单的“突破型”和“模仿型”这一简单分类进行衡量和奖励。⑨那些低估了增量创新的成本控制政策将打击治疗类药物的研究。⑩符合可专利性标准的增量创新是值得专利制度保护的，只要满足了可专利性标准即可受到保护，即使当专利被错误授予，法院也可以纠正这些错误[①]。

原研药企用增量创新恢复排他权有一定的合理性。首先，增量创新需要满足可专利性标准中的“新颖性”和“创造性”标准，欧盟委员会曾间接地批评了欧洲专利局授予细微改进的发明以专利的标准太低，而仿制药企也批评欧洲专利局忽略了现有技术并适用了相当宽松的“发明步骤”（inventive steps）定义[②]。被授予的专利是指一项产生于医疗进步的发明并能得到一段时间的排他权，尽管对患者而言其直接价值可能很低。其次，尽管增量创新产品是可专利的且是可以报销

① Global Public Policy Issues.GlaxoSmithKline’s Position，Incremental Innovation，2011.http：//www.gsk.com/content/dam/gsk/globals/documents/pdf/incrimental%20innovation.pdf.

② EU Commission，Competition DG.Pharmaceutical Sector Inquiry Final Report，2009：449-450.

的，但针对一代产品的需求仍需要转移至二代产品上。基于原研药企和医师间信息不对称的问题，原研药企通常需要做大量的促销和营销努力。

此外，在提交给 FTC 的一个声明中，来自 PhRMA① 的一位代表说道："加强知识产权保护对于工业创新来说是重要的，增量创新不仅仅是药品创新的一个常见组成部分，而且还是在原研药企间促进竞争的一个方法，其会导致增加的治疗选择，并有利于消费者。"② 虽有业内人士指出："大多数专利授予给了那些增量的，甚至是不重要的技术进步。"③ 但也有学者认为："大量的增量技术进步被赋予了专利，虽单独看这些增量技术进步在商业和信息上没有多大价值，但增量创新的集合在许多领域为进一步创新提供了基础信息。"④

5.1.4.4 仿制药进入受阻的多重原因

至于反对者提出的延缓仿制药进入的问题，有观点从仿制药进入原因的角度分析指出，药品增量创新并不是影响仿制药进入的唯一原因。首先，对仿制药来说，从药政部门获得上市申请需耗费一定的时间；其次，仿制药的进入可能因为市场机会的不确定性、专利的真正有效期、原研药企对营销的反应（主要通过原研药价格的降低）而受到阻碍。最后，仿制药竞争的延迟也可能因许多药品消费者在确定药品转换安全和质量证据前不愿冒风险转向新的药品，导致消费者对药品质量非常敏感⑤。

5.1.4.5 可专利性标准的满足

以原研药企为代表的支持方批评"常青"一词本质上是贬义的，它传递了一种错误印象。最为重要的是，原研药企代表认为，基于原始专利的改进专利只要

① PhRMA 指"美国药品研究和制造商协会"，代表美国主要生物制药研究者和生物科技公司的利益。

② Gregory J.Glover，PhRMA.Statement Before the Federal Trade Commission and the Department of Justice Antitrust Division：Competition in the Pharmaceutical Marketplace，2002.

③ Ivar K.The American Inventors Protection Act：the Independent Inventor's Interest&Consumer Choice in the Market[J].Journal of the Patent and Trademark Office Society，2002（84）：503.

④ Jeanne F.Patent Disclosure[J].Iowa Law Review，2009（94）：539.

⑤ Cassia Rita Pereira da Veiga，Claudmar Pereira da Veiga，Jansen Maia Del Corso，Anderson Catapan.Strategy of Innovation's Management in the Pharmaceutical Industry Holds Intellectual Property[J].American Journal of Industrial and Business Management，2013（3）：565-572.

满足新颖性、实用性和创造性标准，即可获得专利，这是专利法的内在硬核制度。同时，强调专利法既鼓励原始型创新（original innovation），又鼓励改进型创新（improvement innovation），而现实中大多数技术都是改进型创新[①]。类似的观点认为强专利保护是事前促进创新，如果一项发明具备新颖性、创造性和实用性，那么这项发明就是可专利的，此时竞争法就不应当再插手。原研药企声称无论是真正的新药专利，还是在已知物质基础上的改进专利（如新剂型），前者的原始型创新与后者的改进型创新皆应受到专利法的平等保护。只要专利审查员认为满足了可专利性标准并已充分公开，那么就应被授予专利。

5.1.5　小结

笔者认为，支持药品专利常青的观点虽然代表着原研药企及利益相关团体的立场，但其具有一定的合理性。在论及药品专利增量创新合法性问题时，应从国际法与国内法层面考虑专利法的可专利性标准判断问题。从专利法鼓励创新和技术进步角度看，针对原始专利的新医疗用途、新物理结构等，无论从医学临床还是从药品技术上看都具有一定意义，确应被授予专利。但近年来随着原研药企以其他形态的研究成果申请专利，包括活性代谢物、组合药品或药品并用的药品组成物，则不必然享有专利权。从原研药企的行为目的看，常青做法是原研药企为扩充专利权赚取更多垄断利润而采取的一种经营策略。对药品专利常青问题的认识体现了专利制度背后权利人的私利与社会公众的公利间的矛盾，如何平衡两者之间的关系是专利法的重要任务，不可过分偏颇。

关于提高药品专利审查标准的问题，其实也需要平衡好原研药企和仿制药企间的矛盾。因为若采取严格的药品发明可专利性标准，可能会扼杀原研药企投入研发的积极性，有违专利法促进研发与技术创新的目的；若采取宽松的药品可专利性标准，会使那些不宜享有专利排他权的药品发明受到专利法的保护，阻碍仿制药市场进入及病患以合理价格获得药品的机会。笔者认为，为解决“药品专利常青”问题而提高药品专利授权标准的建议应当谨慎并进行全面考虑，因为需要同时考虑药品专利的特殊性，以及专利制度鼓励研发与促进药企长期动态竞争的作用。在专利法层面，随着“药品专利常青”问题越来越受重视，各国一些专利

① GSK Briefing.“Evergreening”.http：//www.gsk.com/policies/GSK-and-evergreening.pdf.

主管机关已经在以相对严格的标准审查该类药品发明的可专利性。至于涵盖增量创新的药品常青专利在多数国家的专利法中都是有效的，除了印度、巴西等一些发展中国家①。

5.2 药品专利常青在专利法中的合法性分析

5.2.1 TRIPS协议的相关规定

5.2.1.1 TRIPS协议第27条

从知识产权国际立法层面分析，《与贸易有关的知识产权协议》（TRIPS协议）第27条规定："专利可授予所有技术领域的任何发明，无论是产品还是方法，只要它们具有新颖性、包含发明性步骤，并可供工业应用……对专利的获得和专利权的享受不因发明地点、技术领域、产品是进口的还是当地生产的而受到歧视。"可见，依据TRIPS协议的规定，所有类型的发明，无论是突破型创新还是增量创新，只要符合"可专利性标准"即可受到专利法的平等保护。

5.2.1.2 涉及药品增量创新

具体到药品专利增量创新方面，是否允许增量创新，以及在何种程度上允许增量创新，TRIPS协议并没有明确规定，而是允许成员国在国内法中加以规制。2014年4月，马克斯·普朗克创新与竞争研究所拟定的《专利保护宣言——TRIPS协议下的规判主权》中明确提到TRIPS协议的成员国有自由裁量权决定拒绝下列产品专利或方法专利：①已知产品或物质的新形式，如化合物的变化（衍生物）；②已知产品或物质的新特征或用途（如药物的第二医疗用途）；③已知组合或专利化合物的因素选择或片段。如果成员国授予已知物质的新特征、新用途或衍生物以专利保护，成员国可以附加条件限制，如要求该物质具有"增进的功效"或"降低的副作用"等。

① 赵歆，刘晓海. 基于专利法与竞争法交叉视角下的制药产业专利常青策略[J]. 中国科技论坛，2014（11）：81-85.

笔者认为，TRIPS 协议在为成员国设定最低保护门槛的同时，也为成员国留下了较大的自由裁量的政策空间。在国际法层面，TRIPS 协议的成员国对药品专利增量创新的规定只要符合 TRIPS 协议的基本原则，无论是禁止还是允许药品增量创新（药品专利常青），都不违反 TRIPS 协议的基本规定。例如，印度为打击国外药企专利常青的做法限制可专利主题就是对 TRIPS 规则的巧妙利用。印度在 2005 年《专利法》第三条（d）款中明文禁止对“已知物质的衍生物”授予专利，除非能证明其具备“增进的功效”，但通常“增进的功效”标准很高。实践中，印度已经发生了多起依据该条款禁止药品专利增量创新的案例，如瑞士某制药公司在印度的“格列卫”专利争议案。

5.2.2　国内专利法中可专利性标准分析

5.2.2.1　概述

药品专利增量创新问题，在一国专利法层面主要体现在评价药品专利的可专利性标准上，尤其是“创造性标准”（或称“非显而易见性”）与药品增量创新的关系最为密切。如果所申请的药品专利是在现有技术基础上做的一些细微改进，能否获得专利权，要根据是否构成创造性标准来判断。正如肯尼斯·达姆（Kenneth W. Dam）所指出的那样，“专利法设计的目的就是将寻租最小化，多亏了非显而易见性标准，‘低贡献发明’的专利才被剔除。”[①] 主流观点认为在现有专利制度体系下，只要符合一国专利法可专利性标准，无论是突破性创新还是增量性创新，都应被授予专利。所以，“通常情况下，该领域的一般技术人员根据以往所掌握的技术或产品进行的组合或改进，不会被授予发明专利。”[②]

创造性标准的严格程度直接决定了增量创新的质量水平。比如，在美国，尤其自美国联邦巡回上诉法院于 1982 年成立以来，美国对专利的审查力度放开，在一定程度上导致了专利数量的上升、专利质量的下降和专利权滥用情形的增多。直至 2007 年 4 月 30 日在对某案件的判决中对专利判断中的“非显而易见标准”提高了创造性的要求，使得那些显而易见的申请获得专利更加困难，那些包含已

① Kenneth W.Dam.The Economic Underpinnings of Patent Law[J].Journal of Legal Studies,1994(23):247.

② 韦贵红 . 药品专利保护与公共健康 [M]. 北京：知识产权出版社，2013.

有技术或因素的技术领域以及那些对现有发明进行增量式修改的技术受该判决的影响最大。

5.2.2.2 我国专利法对药品专利创造性标准的规定

我国现行的《中华人民共和国专利法》中受保护的“可专利主题”既包括药品的制造方法，也包括药品产品本身的保护。我国 2023 年公布的《专利审查指南》中规定了“结构上与已知化合物接近的化合物”和“已知产品的用途发明”的创造性要求见表 5-2。

表 5-2 结构上与已知化合物接近的化合物、已知产品的用途发明的创造性要求

化学发明的创造性	化合物的创造性	结构上与已知化合物接近的化合物：必须有预料不到的用途或者效果。此预料不到的用途或者效果可以是与该已知化合物的已知用途不同的用途；或者是对已知化合物的某一已知效果有实质性的改进或提高；或者是在公知常识中没有明确的或不能由常识推论得到的用途或效果
	化学产品用途发明的创造性	已知产品的用途发明：该新用途不能从产品本身的结构、组成、分子量、已知的物理化学性质以及该产品的现有用途显而易见地得出或者预见到，而是利用了产品新发现的性质，并且产生了预料不到的技术效果

由表 5-2 可知，我国现有专利制度是允许药品结构类似化合物和药品用途发明的，属于药品的增量创新。有批评观点认为我国目前对于药品专利的创造性标准规定过于宽松，可能会为已知化合物的细微改变打开专利的大门，并可能会极大地阻碍可负担的仿制药的市场引入。

至于是否需要提高我国药品专利的创造性标准问题，笔者认为，因涉及我国当前鼓励药品发明、促进仿制药竞争、提升患者近药权等众多问题，所以单纯通过提高我国药品创造性标准来应对药品专利常青的问题并非那么简单，需要慎重考虑。这就是为何 2023 年国家知识产权局在新修订的《专利审查指南》中并没有显著提高化合物专利创造性标准的原因。而且，我国正处于药品创新发展进程

的初期，针对增量创新带来的“药品专利常青”问题不可进行过于严厉的规制。

5.2.3 印度、巴西专利法针对药品专利常青的特殊规定

不同于发达国家通常在“事后”通过药品专利诉讼来规制二代专利的做法，以印度和巴西为代表的发展中国家对于药品专利长期问题采取了“事前规制”的方法，通过运用 TRIPS 协议的弹性条款来最小化不合格二代专利在最初被授予的比例。

5.2.3.1 印度对药品专利常青的特殊规定

印度是全球仿制药生产和出口大国，有“发展中国家药房”之称，这有赖于历史上印度曾利用国内专利法提供的便利来大力发展国内仿制药企业。1994 年，印度加入 WTO 时就被要求需遵守 TRIPS 协议的内容。2005 年，印度依然承诺必须对药品给予产品专利保护。在 WTO 各个成员国中，印度是将国际法运用到极致的一个国家，其充分利用 TRIPS 协议中的“弹性规定”来满足国内的政策需要。在印度打击药品专利常青案件中，最著名的就是瑞士某制药企业的“格列卫”常青专利案了。

该制药公司在 2006 年已尝试在印度为治疗血癌的药物——甲磺酸伊马替尼（品牌名为“格列卫”）申请专利。但根据印度《专利法》第三条（d）款内容，印度专利局认为该药物创新程度不足，没有达到第三条（d）款所要求的“增进的功效”，即没有满足印度专利法的可专利性标准。之后，该药企多次就此提出上诉，又以印度《专利法》违宪为由，将印度专利上诉委员会告到了印度最高法院。其中，印度专利上诉委员会认为第三条（d）款仅是对创造性标准的更高要求。经过 13 周的庭审，印度最高法院于 2013 年 4 月作出裁决，推翻了该药企的所有指控。该案影响着发展中国家广大患者能否继续获得印度的低价仿制药。笔者认为，分析此案的关键是首先考察印度《专利法》第三条（d）款规定的内容及性质。

印度《专利法》第三条（d）款规定：“以下不构成本专利法所称发明：仅发现已知物质的新形态，且该新形态与已知物质相较在功效上并未增进。为达到本条设立之目的，盐、酯、醚、多晶型、异构物……和其他已知物质的衍生物应被

认为是相同物质。除非其在有关功效及特性上有显著差异。”此外，该条款还禁止已知物质的新用途。这种在专利法中明文禁止药品专利常青的做法，在世界范围内也很少见。根据对判例法和已有文献的分析，制定该条款的目的是“阻止所谓的药品专利常青，并促进增量创新”。有学者认为印度对上述案件的判决结果可能会影响人们对 TRIPS 协议条款的解释；印度最高法院的判决还可能会成为其他发展中国家解释和实施 TRIPS 国际义务的范本。

笔者认为，印度这一特殊做法是由其仿制药产业发展的特定历史条件和背景所决定的，其他国家试图完全效仿并不现实。例如，我国并没有如印度所面临的疾病蔓延及人口激增带来的对低价药品的紧迫需求①。而且，针对专利实体法的内容，如可专利主题和可专利性标准问题没有必要在世界范围内达成一致。

5.2.3.2 巴西等其他国家对药品专利常青的特殊规定

巴西、南非、阿根廷等国效仿印度专利法第三条（d）款内容旨在打击专利常青行为。巴西为了适用 TRIPS 协议中的“弹性条款”来满足巴西本国经济的特殊需要，制订了最新的“关于修改工业产权法（第 9,279/96 号法律）的法案”，其立法目的有：①提高专利授权的创造性标准；②引入类似于印度专利法第三条（d）款的规定；③通过取消专利保护期的延长，限制专利保护期最长为 20 年；④为专利发明使用提供宣称合法的公共非商业使用的程序。

巴西专利法第三条的规定参考了印度专利法第三条（d）款的规定，具体规定了以下情形不能作为专利主题：任何已知物质的新特性或已知物质的新用途；已知方法的纯用途，除非该已知方法能够产生新产品；没有针对物质的已知功效有所改进的已知物质的新形态。此外，巴西立法还一般性禁止“用途专利”。

针对第一种“已知物质的新特性”，巴西法律可能旨在强调以下情形，即针对在现有技术中已知的使用方法，专利申请披露了一种已知物质的新技术效果。在这种情况下，尽管所主张的行为与先有技术相同，但新技术效果能够作为功能特征被融入权利主张中并使该方法能够再次获得专利，欧洲专利局（EPO）有时也会采用这种方法。但 WTO 并没有相关规定，TRIPS 协议第 27 条也没有禁止考虑“预期的新效果”。由于该条款没有对管制先有技术内容和新颖性要求进行限

① 赵歆，刘晓海．印度专利法阻却药品专利常青同时损害增量创新 [J]. 中国药事，2014，28（12）：1285-1289.

制，因此如果所主张的方法、步骤与在现有技术中实施的任何因素没有什么不同，那么 WTO 的成员方可能会在并不违反 WTO 义务的情况下拒绝授予专利保护。此外，除了印度和巴西，南非也在考虑对本国专利法进行修订。

5.2.3.3 批评者的声音

对于印度及巴西专利法的规定，国际社会上存在不少批评者的声音。例如，美国的贸易代表办公室（USTR）在每年的《特别 301 报告》中指责两个国家没有很好地保护药品专利。还有批评者指出印度专利法第三条（d）款所禁止的发明属于增量创新，而第三条（d）款的立法目的却是促进增量创新，此条款的目的和效果相互矛盾。

对于巴西的立法也存在不少争议，有批评者认为，对巴西第“关于修改工业产权法（第 9,279/96 号法律）的法案”需要做进一步审视。这种完全排斥增量创新的做法不仅包含了经济学家所称的二代专利，还阻止了任何已知物质的第一医疗或非医疗用途的法律保护。该规则将不保护在现有技术中作为治疗剂物质的新医疗适应症，但受到影响的发明却可能是医疗或技术的重大突破。在许多这样的案例中，化合物发明者和新用途发明者之间不存在质量上的差异。该批评者还对巴西立法提出了详细的修改意见，即可以考虑在欧洲专利局方法和印度做法之间选择一个折中的解决办法。比如，承认《欧洲专利公约》第 54 条的用途专利要求，哪怕唯一的新特征就是患者种类、剂量支配，或者技术效果。这可以包括仅仅对使用方法（与先有技术相比至少有一点不同）授予专利，只是“目的上具有新颖性”不能使该使用获得专利。在化学领域中，该方法可能包括仅对新适应症授予专利，如使用化合物治疗某种疾病，该物质之前没有被用来治疗该疾病。总之，批评者认为，专利在促进或者阻碍一国经济发展中的作用被高估了，一国内部的市场规模、管制环境、基础设施、行政效率等因素对吸引投资的影响更大。

另有一项比较印度和巴西两国对药品专利常青（二代专利）规制效果的调查报告分析指出，印度和巴西专利法中规定的限制药品专利常青的条款在实践中起到的作用非常小。所以，在设定一国专利法律时，国家可以依据本国的实际情况和政策来制定专利法，只要其内容符合基本的 TRIPS 协议内容即可。

总之，在设定药品研究成果可专利性标准及权利范围时，应充分考虑药品发明涉及公共卫生的特性，在专利权人私利和社会整体公利间取得平衡，发挥专利法鼓励药品研发的功能。除了专利法，对于维持药品市场有效竞争的问题则需要由反垄断法来承担。

5.3 美国规制药品专利常青的反垄断做法

在国际专利法层面，有 TRIPS 协议来规定各个国家保护知识产权的最低标准，各个国家可以制定不与 TRIPS 协议相冲突的国内法。然而，在反垄断法领域目前还没有一个统一的国际立法进行框架式的规定，因此本节将主要从各国国内反垄断法的角度入手，对各国规制药品专利常青的反垄断做法进行分析。

针对药品增量创新和药品专利常青的问题，有观点提出，希望由维护公平自由竞争秩序的反垄断法介入对“药品专利常青”的专利权滥用行为加以规制。药品专利常青策略是否应当突破专利法既有范畴由反垄断法加以规制，具体又如何规制。本节将通过分析美国竞争执法局及法院对药品专利长期策略的态度与做法来试图回答这一问题。

5.3.1 概述

美国 1984 年的 HWA 法允许仿制药企依赖原研药企递交新药申请的信息从 FDA 处获得仿制药申请。但今日的仿制药企与 20 世纪 80 年代早期 HWA 法刚实行时的情况已大不相同，药品研发成本已经大幅上升，为申请新药必须进行的临床试验的数量也已经大量增加，而且这些临床试验的参与者数量已经是 20 世纪 80 年代的 3 倍，而新药投资回报率却下降了 12%，所以药企经常会将研发资金花费在开发已有药品改良版本或新的给药方式上。

基于悠久的成文法历史和丰富的行政与司法实践，美国反托拉斯法历来是世界研究和关注的焦点。近年来，美国竞争主管机构联邦贸易委员会（FTC）对原研药企的药品专利常青做法给予了密切关注，尤其是几种比较明显的药品专利常青反竞争行为，如巧妙利用专利链接制度中的橘皮书、药产品转换等。有美国学者指出，“正是由于美国专利商标局无法应对日益增加的专利申请量，竞争法才必须以更加积极的态度介入制药产业的知识产权保护中。随着专利申请量的增加，知识产权无效的可能性也在增加，因此，竞争法需要介入以确保无效的专利权不会被非法主张并建立和维持那种非法且有限的垄断。”①但药品专利常青行为是否应当由反垄断法规制还存在一定的争议。本节将主要针对引起 FTC 较大关注的原研药企以扩充专利权和排斥仿制药竞争为目的的专利药品“药产品转换”行为展开论述。

“药产品转换”行为是指原研药企采用的一种延长药品专利生命周期的策略，它利用了仿制药企向 FDA 提交申请的较长前置期（包括证明生物等同性，进行第四段声明和从事诉讼等）；当仿制药被批准时，原研药企可能已经研发了一个药品新剂型并申请了专利，如以片剂代替胶囊剂，将消费者从旧药转向新药。如果针对这个新药推出仿制药版本则要求仿制药企再重新经历一遍所有的仿制药申请程序，这将进一步地延缓仿制药上市的进程。

虽然仿制药企可以销售原研药企旧药的仿制版，但这仅是杯水车薪，因为根据美国的州药品选择法药剂师不能以旧药代替新的原研药。早在 1979 年，FDA 和 FTC 就联合发布了《药品选择示范法》，此举的目的在于便利药产品的选择和促进药品价格竞争。该法几乎在美国各州都获得了认可，各州也陆续颁布了本州的药品选择法，要求或允许药剂师在没有开药医师相反意见的情况下以低价的仿制药替代原研药。

有批评者认为，一个成功的产品转换策略虽可迫使仿制药竞争者重新开始一个仿制药申请程序并扩充原研药企的定价权，但对药品消费者却没有产生任何福利②。药产品转换行为代表了一种管制博弈的范式，由于它具有排他性效果，因此其利用了产品审批程序并将这种排他性效果转化成了一种抑制竞争的工具。

药产品转换行为本身是复杂的，共包含两种形式。第一种是典型的“硬转换”，是指原研药企将原来的药品从市场中撤回的情形，只有当行为的目的是规避《药品选择法》和为防止仿制药市场进入时才可能违反反托拉斯法。第二种是更为隐蔽的“软转换”，是指原研药企在市场中保留了原来的药品，但看似“两种药品

① Lara J.Glasgow.Stretching the Limits of Intellectual Property Rights: Has the Pharmaceutical Industry Gone Too Far[J].Idea，2001（41）：227.

② Keith Leffler.Anticompetitive Product Changes in the Pharmaceutical Industry[J].Rutgers Law Journal，2010（41）：24–25.

总好过一种药品”的观点并没有足够体现药品市场的复杂性。因为在市场中消费者不是决定者，开药的医师才是决定者，所以原研药企会从事大量的药品促销活动来保证病人转向修改过的药物剂型上。比如，在某些案件中药品生产者的“药产品转换”行为就是“硬转换”，即药品制造者在完成药产品转换后，将旧药撤出市场，这使得药剂师更难开具旧药仿制药的处方。原研药企的另一种策略是实施多次产品转化，如从胶囊剂到片剂，然后进行第二次转换，随着仿制药企再次停止申请，原研药企再进行第三次转换，即采取不同形式的片剂。这种转换对于竞争的损害更大。

在实践中，有些药品转换行为对消费者有利且可以促进竞争，而有些药品转换则是有争议的，尤其是当原研药企针对快到期的药品专利进行的剂型细微修改申请专利，其真正目的是阻却仿制药的市场竞争。据一份针对1995年至2009年药产品转换的实证调查分析发现，“当药品剂型转换发生在FDA批准该剂型产品的前三年到批准后一年间时，药产品转换最有可能是损害竞争的策略行为（在425个药产品转换中有81个是这种情况）。”[①] 由此得出结论，最可能产生反托拉斯问题的药产品转换行为是那些“没有多少治疗价值”的转换，如从胶囊剂转换为片剂、口服溶解片剂或咀嚼片，或者从片剂转换为胶囊剂、口服溶解片或者咀嚼片，并指出转换为缓释胶囊剂或者片剂只是多种药产品转换策略的一部分[②]。FTC认为原研药企这种新剂型的改变干扰了美国各州的《药品选择法》。在美国，药品转换行为使得原研药企规避了各州的《药品选择法》，因为这些州法律允许或要求药剂师将原研药的处方替换为仿制药版本[③]，这些州法律对于降低药价起到了重要的作用。

当原研药企进行药品转化时，关键问题是之前专利产品的仿制药版本与转换后的产品相比不具有生物等同性或药物等同性。因为仿制药企最终要向FDA提交“等同性”证明，但仿制药企要随之转化其产品及向FDA递交申请并等待30

① Steve D.Shadowen，Keith B.Leffler，Joseph T.Lukens.Anticompeititive Product Changes in the Pharmaceutical Industry[J].Rutgers Law Journal，2009（41）：25-27.

② Steve D.Shadowen，Keith B.Leffler，Joseph T.Lukens.Anticompeititive Product Changes in the Pharmaceutical Industry[J].Rutgers Law Journal，2009（41）：31.

③ Michael A.Carrier，Daryl Wander.Citizen Petitions：An Empirical Study[J].Cardozo Law Review，2012（34）：252-253.

个月的停滞期，到期则可能需要多年时间。而原研药企会改为宣传其转换后的产品，强调转换后产品的改进效果。这样，就没有人有动力和能力来促销旧药品了[①]。当原研药企不仅规避了州药品选择法，还精心策划了有效的时机时，药产品转换行为最容易成功。如果原研药企能够在仿制药进入前展开转换，消费者将不会享受低价竞争带来的福利，而且也不可能第二次转换到仿制药上[②]。

此外，涉及反托拉斯问题的药产品转换行为还可能具有以下特征，即原研药企有可能在30个月的停滞期内开始药品转换策略，当仿制药企获得FDA的上市批准后，市场对于旧产品将没有多少需求，因此仿制药企可以指控原研药企从事了旨在排除竞争的垄断行为并且没有正当理由[③]。相反，原研药企会辩称药产品转换是关于产品改进的商业决定[④]。迄今为止，联邦巡回法院还没有审理此类案件的先例。原研药企和仿制药企都可以援引主要的反托拉斯法先例支撑自己的论点，其中有些案例的法院曾拒绝审理被告的药产品转换行为，也有些案例的法院将这种行为视为一种垄断化行为。

在一般的药产品转换指控方面，美国已经有多起相关司法判决，下面将主要分析4个近年产生的药产品转换的反托拉斯案例。

5.3.2 案件1

在2006年的某案件中，涉案原研药企针对其治疗胆固醇和甘油三酯的畅销药进行了一系列的药产品转换。涉案原研药企轻微地降低了药品的强度，从胶囊剂转换为片剂并停止销售胶囊剂，还从药店回收了所有胶囊剂的库存，然后在国家药品数据库中将涉案药品的编码注明为“已废弃”。甚至当仿制药针对转换后的片剂已经达到了生物等同性后，涉案原研药企再次转换到了一种新型片剂（轻微地降低了药效强度），然后再停止销售旧的片剂，并在数据库中将编码注明为

---

① Steve.D.Shadowen.Anticompetitive Product Changes in the Pharmaceutical Industry[J].Rutgers Law Journal，2009（41）：46.

② Steve.D.Shadowen.Anticompetitive Product Changes in the Pharmaceutical Industry[J].Rutgers Law Journal，2009（41）：55.

③ Tricor，439 F. Supp.2d at 431.

④ Keenth L.Dorsney.ANDA Litigation，Strategies and Tactics for Pharmaceutical Patent Litigators[M]. American Bar Association Section of Intellectual Property Law，2009.

“已废弃”。美国地区法院发现，涉案原研药企的操控性和不正当的剂型转换行为阻止了仿制药在市场上提供有效成本竞争的途径。法院发现，涉案原研药企通过从市场上撤下原有剂型并引入新剂型的行为阻止了消费者的选择，改变编码的行为阻止了药剂师针对新的原研药剂型替换仿制药，并因此驳回了涉案原研药企有关即决审判（summary judgment）的主张。

在此案件中，有文件显示了基于时机的不同销售情况，原研药企预测如果其在仿制药进入前就推出重制药品的话，销售额将从2004年的1.61亿欧元上涨到2008年的2.69亿欧元，但如果重制药品没有在仿制药上市前推出的话，2004年的销售额只有0.35亿欧元，而2008年的销售额只有0.15亿欧元。换句话说，在2008年，如果原研药企在仿制药进入之前推出新重制药的话，销售额将是未进入时的17倍[①]。

在评估某一产品是否具有增进效果的法律标准问题时，美国第二巡回法院在某案件的判决中指出：确定一个新产品是否代表了一种改进应当由市场来决定，任何新产品的引入都是合法的，除非带有某种“强迫因素”。比如，潜在的撤市旧产品就产生了强迫作用，或者包括掠夺性定价，或者其他干扰消费者选择的反托拉斯滥用行为。

第二巡回法院指出：“唯一一个可以回答的问题就是是否对某一产品有足够的需求，只要消费者可以选择，那么对此的回应只能从市场反应中推测出来。只要一个垄断者的产品在市场中受到认可，那么法官或陪审团认为该产品不行并不重要，只要这种市场成功不是基于某种强迫形式就行。”[②]因此，药产品转换案件经常涉及反托拉斯被告是否干预了消费者的“自由选择权”[③]。

5.3.3 案件2

2008年，在案件1判决两年后，美国哥伦比亚特区法院判决了另一起涉及药产品转换行为的案件。在此案件中，法院作出了与案件1截然相反的判决。该

① Michael A.Carrier.A Real-World Analysis of Pharmaceutical settlements：the Missing Dimension of Product Hopping[J].Florida Law Review，2010，(62)：63-64.

② 603 F.2d 263 (2d Cir. 1970) at 287.

③ American Bar Association，Section of Antitrust Law[M].Pharmaceutical Industry Antitrust Handbook，2009

案涉及一种治疗心口痛的药物，原告指控被告在专利排他期临近到期前将涉案药品替换为了其刚获得美国 FDA 批准的另类药物。原告指控两个药品本质上是同类药物，相同剂量具有同等治疗效果。被告在旧版药专利到期前的 8 个月开始制造与其功效相同的另一个药品，并将该药品“积极地推销给开药医师”，同时停止向医师推销旧版药。在判决中，地区法院授予了被告“否决动议”（mission to dismiss）。地区法院在判决中将该案件与案件 1 进行了区别，认为案件的“关键点”是本案存在消费者选择（consumer choice），而案件 1 中不存在消费者选择。在案件 1 中，被告通过将旧版药品撤市和注销药品数据库来使消费者没有选择；但在该案中，被告没有撤市旧版药品，反而为消费者提供了额外的另一改制版本的药物选择。针对原告有关两种药物相类似的主张，法庭指出：“反托拉斯法并不要求新产品优于旧产品，孰好孰坏应当由消费者作出选择。”[①]

5.3.4 案件 3

在该案件中，仿制药企指控原研药企从事了一个故意的策略来阻止或延缓仿制药针对其原研药的竞争，仿制药企指控原研药企从事了三种不同的产品转换策略：首先，从胶囊转为片剂；其次，将 75 毫克和 100 毫克的片剂转换为单一的 150 毫克的加强剂；最后，从 150 毫克片剂的单一版本转换为双重版本。此外，原研药企还停止销售旧版药品并最终将其撤出市场，“迫使仿制药生产者改变了其正在研发中的产品”，目的是使其仿制药与新批准上市的原研药一致。

原研药企的否决动议：在否决动议中，原研药企辩称，仿制药企的主张蕴含原研药企有责任继续促销过时的制剂来允许仿制药竞争者利用自动适用的州药品选择法；但反托拉斯法并没有蕴含这种责任。原研药企进一步辩称，反托拉斯法认为这种形式的“搭便车”是“竞争的对立面”。美国《谢尔曼法》和州药品选择法都没有对公司施加责任来协助竞争对手的创新。

初审法院判决：美国宾夕法尼亚州地区法院法官保罗·戴蒙德（Paul S.Diamond）批准了原研药企的“即决裁判动议”（motion for summary judgement），驳回了仿制药企基于《谢尔曼法》第 2 条垄断化的指控，因为仿制药企没有证明相关市场存在垄断力。法庭发现，相关市场中并不如仿制药企所称

① 534 F.Supp. 2d 146（D.D.C. 2008）at 151.

的仅存在涉案药品，还包括其他同类药。法庭还拒绝了仿制药企针对《谢尔曼法》第1条提出的指控，法庭认为原研药企推出新版的行为不属于反竞争行为。戴蒙德法官认为，基于原研药企的营销和促销努力，涉案药品可以维持其市场份额。关于仿制药企无法享受仿制药自动选择的优势问题，法院将其视为“管制好处”（即因管制带来的意外之财），仿制药企只是“其自身商业策略的受害者而已”。法庭认为这一“策略”使原研药企依赖于自动选择法以增加销量，而不是使用原研药企采用的广告和促销手段来增加销量。但从法庭的判决中无法得知是否仿制药企也采用了相同的广告和促销手段。法庭发现，尽管仿制药企无法依赖自动选择法来盈利，但原研药企的行为没有禁止仿制药企进入市场并“严重限制市场的界限”。的确，法庭似乎拒绝了关于产品转换的整个反托拉斯责任，在判决中指出“原研药企没有责任在市场上保存涉案药物的旧版本来帮助仿制药企的商业计划”。仿制药企不服原审判决上诉至第三巡回法院。

第三巡回法院判决：2016年9月28日，美国第三巡回法院认可了初审法院有关授予“即决裁判”的决定，驳回了针对被告原研药企产品转换行为反托拉斯的指控。在上诉中，第三巡回法院指出，仿制药企没有提供足够的证据证明，原研药企在相关市场中具有支配地位，并认可初审法院有关原研药企行为并非反竞争的判决。值得注意的是，第三巡回法院运用了“合理原则分析法”。法庭首先发现原研药企的产品转换行为不是反竞争的，因为仿制药企没有被排除出该细分市场；而且在原研药上市的20年里，仿制药企也没有生产仿制药的胶囊剂；当仿制药企生产了二代片剂仿制药版本时，仿制药企还获得了180天的市场排他期并因此获益不菲。第三巡回法院还发现，原研药企的产品转换行为具有促进竞争的效果，包括涉及安全性和产品保质期方面的改进。

5.3.5 案件4

在该案件中，美国第二巡回法院作出了与案件3截然不同的判决。本案的原研药企被控寻求将消费者从一个专利快到期的立即释放的涉案药品（一天吃两次）转移到一个新的缓释药品（一天吃一次）的版本上。原研药企首先运用“软转换”策略，即停止促销涉案药品的旧版本并大力促销和让利涉案药品的新版本。当这种“软转换”措施对转移大量消费者至新药上不见效时，原研药企又施加了“硬转换”策略，即在仿制药进入市场前将涉案药品的旧版药品直接撤市。美国地区法院基于令人信服的事实授予了一个“初始禁令”（preliminary injunction），并随后被第二巡回法院确认，该院的约翰·沃克（John M.Walker）法官作出判决，要求原研药企继续在市场上出售旧版本的药品。该法庭发现并指出：“单独的产品撤市和单独的产品改进都不是反竞争的，但是当垄断者将产品撤市和其他行为融合在一起时，那么融合的效果就会对消费者产生胁迫作用并会阻碍竞争，因此违反了《谢尔曼法》。”第二巡回法院也否决了有关仿制药是“搭便车”的主张，明确指出“在美国的仿制药替换，是基于州药品选择法的法定规定而产生的，仿制药替换是该法的明确立法目标”。法庭最后支持了初审法院的禁令判决，因为“原研药企的硬转换策略对市场造成了不可挽回的竞争损害”。

总之，美国药品反托拉斯法的特征就是复杂的市场、多重的监管机制和多重类型威胁竞争行为的融合。在分析这些复杂行为时，司法机构和行政执法机构都面临着巨大的挑战。因为，关于产品转换行为的指控在反托拉斯法和知识产权法间及反托拉斯法和药品管制程序间产生了不同问题，表明了创新与竞争之间各自的平衡问题。如上所述，产品转换在美国遭受反托拉斯指控是基于美国特殊的药品管制制度（尤其是存在着美国各州的仿制药品选择法的专门规定），但产品转换行为在其他法域也时有发生。

5.4　欧盟规制药品专利常青的反垄断做法

欧盟委员会于 2008 年对欧盟制药行业进行了调查并在形成的最终版调查报告中，对原研药企申请“二代专利”企图常青其专利保护期的行为进行了关注，欧盟委员会虽然认可通过增量步骤作出的创新行为，但指出涉及二代产品的专利有时是弱专利，并没有带给消费者多少福利。而且欧盟委员会发现，推出二代专利产品的策略在某些情况下的目的是阻止仿制药市场进入而不是保护创新产品。这种策略性产品转换行为可能对仿制药企的竞争造成损害。

5.4.1《欧盟制药行业竞争调查报告》中有关专利常青的内容

针对欧盟制药行业竞争过程中出现的问题，欧盟委员会在 2008 年依据《欧盟实施条例 1/2003》第 17 条对欧盟制药行业展开了行业竞争状况调查，并发布了《欧盟制药行业竞争调查报告》，该报告指出：需要对原研药企策略性排除仿制药进入的行为有所应对。欧盟委员会的行业调查范围相当宽泛，被调查企业不一定是具有反竞争行为的企业，也可能包含受害企业；同时，欧盟委员会的行业调查报告理论上仅限于事实发现，而不提供是否违反竞争法的法律结论。[①] 有观点认为，《欧盟制药行业调查报告》旨在就下降的新药申请量进行调查，但实际上是为了降低药品价格和缩减医疗经费开支。

"跟进创新"（follow-on innovation）即针对已有药物的增量改进，如进一步提高药物的安全性和有效性。在大多数案件中，新产品经常是在先有技术和自身先期发明工作基础上增量发展的，这些新产品的治疗特征与同一原研药企开发的已有"一代"产品非常紧密。但如果跟进产品被授予了专利，原研药企将可能通过"药品专利常青"不当地延长专利排他权的保护期。尽管对于仿制药在一代专利过期后的模仿不存在法律障碍，但增量的跟进创新将被用来将患者转换到新产品上。排他权的更新可以通过开发不同剂型或者改变现有产品的物理模式来达到。《欧盟制药行业竞争调查报告》关注了这一饱受批评的现象，并将保护跟进创新的专利称为"二代专利"（secondary patent）或"跟进专利"。尽管欧盟委员会承认该术语并没有得到专利法的承认，但"二代专利"并不是一项质量较低的专利。欧盟委员会明确指出：在所有专利法律争议中涉及二代专利或非基础专利的比例高达 74%[②]。

在欧盟委员会发布的《欧盟制药行业竞争调查报告》中针对原研药企所采取的行为有不同的分类，根据原研药企目的的不同，将仿制药防御策略的行为分为以下三类：第一，限制仿制药竞争者行动自由的策略，包括阻碍或防御性专利申请；第二，创造市场进入威慑作用的策略，包括专利丛林（patent thicket）、专利

① Josef Drexl.Astra Zeneca and the EU Sector Inquiry：When Do Patent Filings Violate Competition Law[M]Pharmaceutical Innovation，Competition and Patent Law：Triangle Perspective.Edward Elgar Publishing，2013.

② EU Commission，Competition DG.Pharmaceutical Sector Inquiry Final Report，2009.

争端和诉讼；第三，旨在延长现有市场排他权的策略，包括跟进创新、授权仿制进入和仿制药上市许可的干预[①]。本章内容涉及第三类。在此行业竞争调查报告中，使用了防御性专利（defensive patents）、阻却性专利（blocking patents）、二代专利等不同术语，虽然欧盟委员会在报告中也指出对这些词语的使用没有任何贬义，但这种不免具有轻蔑含义的措辞已遭到了一些人的批评，批评者认为在专利法中不应存在这些术语。

本书主要关注的是原研药企针对仿制药企的专利常青策略行为，并考量仿制药企市场进入的延迟对市场竞争状态的影响。这种策略本是制药企业专利组合生命周期管理中一个不可或缺的组成部分，行为的目的是“针对某一产品或产品的改变获得最有效、最宽泛、最长的专利保护期。”[②] 所以，这些专利通常在药品研发的早期阶段就进行了申请，权利要求一般情况下都比较宽泛。而且欧盟委员会发现，许多二代专利申请都覆盖了活性物质的特定剂型、表现形式或生产流程，这就形成了环绕基础专利（basic patent）的专利丛林或网络。更重要的是，原研药企试图通过申请大量二代专利来实现该目标，如改变工艺、剂型等，目的都是延长基础专利的排他权保护期。[③] 如果这些策略在药品专利快到期时发生，就会被形象地称为“药品专利常青”。

虽然这些策略本身并不违反专利法，但它们却可能产生阻碍仿制药市场进入的问题；而且在实践中，这些增量创新的二代专利事后被无效的可能性更大，由此也增加了仿制药实际进入市场的不确定性。[④] 在此调查报告中，欧盟委员会有证据表明原研药企的这些二代专利申请常青策略有着明显阻碍仿制药进入的目的，这提高了法律的不确定性。[⑤] 这种阻碍仿制药市场进入的阻碍效果并不必然产生于完全涵盖活性物质使用和生产的所有模式，而是首先产生于有关二代专利

---

① Marc P.Philipp.Intellectual Property Related Generic Defense Strategies in the European Pharmaceutical Market，Implications of the EU Commission’s Sector Inquiry from an IP，Competition Law and Economic Perspective[M].MIPLC，2010.

② EU Commission，Competition DG. Pharmaceutical Sector Inquiry Final Report，2009，473.

③ EU Commission，Competition DG. Pharmaceutical Sector Inquiry Final Report，2009，476.

④ Commission，Competition DG.Pharmaceutical Sector Inquiry Final Report，2009，501.（根据数据统计，所有专利异议和上诉程序中有百分之六十是被无效的。百分之十五的案件中，专利权的范围被缩小了。）

⑤ EU Commission，Competition DG. Pharmaceutical Sector Inquiry Final Report，2009，494.

网络间隙的存在和维度的不确定性问题。[①] 因此，这些二代专利群存在的本身就阻碍了仿制药产品快速进入市场。

此外，申请二代专利的时机也是一个非常重要的考虑因素。在欧盟委员会发布的《欧盟制药行业竞争调查报告》中将其视为阻碍仿制药进入的壁垒。报告还得出结论：如果仿制药在跟进产品之前或者与其同时进入市场，那么原研药的价格和销售额会下降。

5.4.2 欧盟竞争法对药品专利常青的视角

5.4.2.1 谨慎的竞争法规制

在《欧盟制药行业竞争调查报告》中，欧盟委员会发现原研药企有意地将弱专利用作阻碍仿制药市场进入的工具。虽然，欧盟委员会已经表示该调查报告不会为竞争法案件提供审判指南，但委员会已暗示："在专利排他期内，这种策略一般与专利体系的目标相一致，但在某些情形下可能会仅具有排除竞争的目的，而不是守护一个自身创新的动态消费者发展。"欧盟委员会提出，在平衡竞争负面作用的框架中，包括静态价格竞争与动态创新竞争，应当由竞争主管部门承担举证责任来证明专利申请人在申请专利时寻求了一个排他性的反竞争策略目标；关键是要为这种专利申请案件的竞争法责任设立一个高标准，否则竞争法会阻却企业基于促进竞争的目的运用专利制度。所以，专利申请案件中的竞争法责任应当仅存在于某些例外情形，而非竞争执法机构经常性的行为。

《欧盟制药行业竞争调查报告》还认为授予专利权人排他性独占权并促进技术进步的专利法与维护自由竞争秩序的竞争法虽侧重点不同，但两者在促进创新与提升消费者福利方面是一致的，并提出"考虑到制药业的特殊性，欧盟委员会应对制药产业制定不同于其他行业的竞争规则。"欧盟委员会认为，将竞争法适用于制药产业应采取谨慎态度，竞争法运用在制药产业与运用在其他行业是不同的，因为制药产业涉及药企收回前期投资的问题[②]。

对于原研药企的专利申请常青行为，欧盟委员会已经进行了相关的案例调查，

① EU Commission，Competition DG. Pharmaceutical Sector Inquiry Final Report，2009，525.

② Richard Whish，David Bailey.Competition Law[M].Oxford：Oxford University Press，2008.

欧盟竞争法《欧盟运行条约》有关支配地位滥用的第 102 条有可能被适用。此外，根据《欧洲专利公约 2000 年修订案》(《EPC2000》) 第 52 条的规定，专利申请人的“申请目的”不被视为可专利性的要件之一，缺少这种目的也不会产生可专利性的例外（EPC 第 53 条），所以竞争法无法为专利系统的不完善提供足够的救济。从竞争法角度看，《欧盟运行条约》第 102 条只有在符合消费者利益时才适用于专利权，并且在非常有限的情况下才适用，否则将会抑制创新和损害竞争。笔者对此持赞同态度。

5.4.2.2　回归于专利法

5.4.2.2.1　欧洲单一专利制度的影响

在《欧盟制药行业竞争调查报告》中还指出，欧盟委员会对欧盟单一专利制度（unitary patent）的建立和运行寄予了愿望，认为欧盟单一专利制度的推行有利于解决原研药企针对仿制药企的防御性专利申请策略行为。比如，基于弱专利的“常青”问题应当由专利法庭来解决，在具体操作中应做到如下三点：第一，不要想着改变专利法中的授权规定；第二，认真考虑欧洲专利局当前的异议程序；第三，建立一个高效可靠的欧洲统一专利法庭。虽然欧盟委员会在报告中预测，随着欧洲单一专利制度的建立，这种策略性专利申请行为会减少，但仍然有不同观点认为基于专利保护体系实施中存在的缺陷便利了策略性专利申请行为的发生，所以相信欧洲单一专利的引入通过加强合作会遏制策略性申请行为是不现实的。因此，断定欧洲单一专利制度的实施并不会对策略性专利申请行为产生较大的影响。无论结果如何，是否如欧盟委员会所预期的那样，我们仍需对该问题予以持续的关注。

5.4.2.2.2　专利法内生视角

如上所述，制药行业的特殊性似乎限制了竞争法在该领域的作为。马克斯·普朗克创新与竞争研究所的约瑟夫·德雷克斯（Josef Drexl）教授从专利局与竞争局不同分工的角度出发，指出：既然专利法不能改革使专利局拒绝那些具有阻碍竞争特征的专利申请，那么竞争法就必须起到一定作用。所以，专利局应把重心放在发现弱专利上，那些不合理的二代专利问题应主要在专利法和专利政策范围内讨论；至于那些具有潜在延缓仿制药进入的专利申请行为，竞争执法机构负有较大举证责任来证明申请人没有“意图”进一步把该发明推向市场，这使得竞争执法机构干预该行为的可能性不大；并得出结论，如果专利局把重心放在保证专利质量上时，竞争执法机构也无须进行干预了①。还有相似观点认为，专利常青这种所谓的不公平与滥用行为应最终由严格的专利法规则予以限制。因此，需要考虑的问题是：现存的专利法是否能对此问题有所控制？是否有必要改进目前的专利法？然后得出结论，由竞争法来解决专利制度本身的缺陷是不恰当的②。为解决药品专利常青问题，欧盟委员会曾提议提高该行业的“准入门槛”，即欧洲专利局应提高药品专利的审查效率并提高审查标准，进而授予高质量的药品专利。

可见，在欧盟，一般都认为解决专利常青问题应在专利法制度内寻找出路，而非依靠（或者主要依靠）外在的竞争法规制进行干预。欧盟委员会自身似乎也认为原研药企合法的商业行为不能因为其围绕一个初代产品申请了大量二代专利就必然认定其非法。但问题在于，如果这些被允许的二代专利申请和二代专利实施行为被原研药企用来从事没有任何正当理由的行为时，是否就应当由竞争法介入。遗憾的是，在《欧盟制药行业竞争调查报告》中，欧盟委员会反复强调此调查报告并不提供任何竞争规制指南，所以原研药企仍然不清楚究竟哪些专利申请行为是符合竞争法而哪些专利申请行为是违反竞争法的，这增加了法律的不确定性。

5.4.3 小结

申请二代专利的专利常青行为并非仅存在于制药行业中，在其他产业中也存在，只不过因为药品涉及人民用药福利和药品可及性问题，所以显得格外特殊。但一致的是，不同产业的参与者从事二代专利申请的动机是一样的，即申请二代专利不仅为了保护申请人自身的创新，也为了阻碍竞争者的替代创新。这些阻却性专利既可以用来扩大申请者自身的活动领域（防御型阻却专利 defensive

① Josef Drexl.Astra Zeneca and the EU Sector Inquiry：When Do Patent Filings Violate Competition Law？ Pharmaceutical Innovation，Competition and Patent Law：Triangle Perspective[M].Edward Elgar Publishing，2013.

② Nicoleta Tuominen.Patenting Strategies of the EU Pharmaceutical Industry：Crossroad between Patent Law and Competition Policy[J].Research Paper in Law Cahiers Juridiques，2011（1）：28.

blocking patent），或者被用来限制竞争者的行动范围（激进型阻却专利 aggressive blocking patents）。一般而言，防御型阻却专利的目标属于第二位置，而激进型阻却专利的目标处于第四或第五位置，而防止模仿的目标总是处于第一位置。除了上述几个目标，还包括增加企业声誉、传递技术实力、便利交流与合作，所有目标在原则上和时间上都不是相排斥的，而是根据企业的竞争策略和企业内部结构管理的重心来确定的[①]。

需要明确的是，首先，申请二代专利本身并不是滥用行为，药品创新者有权申请并获得二代专利，只要其法定条件得到满足即可。“原研药企内部表明其目的的策略性文件并不是区分滥用性二代专利申请和非滥用性二代专利申请的恰当证据基础，除非这些内部文件能够表明该支配药企知道获得专利的条件没有满足。”[②]其次，作为竞争执法机构的欧盟委员会人手和经验不足，不适合也无法确定一项专利权的强度和价值，而且无法因此适用《欧盟运行条约》第 102 条来打击那些不当延缓仿制药进入的弱专利。所以说，“这些行为存在本身不能够得出获得这些二代药品专利本身就是滥用行为的结论”[③]，而应当看其之后的实施行为是否对竞争造成了实质性损害。

总之，笔者认为药品专利常青问题应首先依赖于专利法内生的调整和完善，对于那些原研药企申请二代专利并同时伴有在仿制药进入前撤市初代产品的常青行为，因为涉及了“专利权的不当行使”并对仿制药造成了排斥或阻碍作用，减损了消费者价格福利，因此可能受到欧盟竞争法的规制，但即使竞争法予以了规制也应当在整体上秉持谨慎的态度。

① Hanns Ullrich.Strategic Patenting by the Pharmaceutical Industry：towards a Concept of Abusive Practices of Protection，Pharmaceutical Innovation，Competition and Patent Law：Triangle Perspective[M].Edward Elgar Publishing，2013.

② Lars Kjølbye.Article 82 EC as Remedy to Patent System Imperfections：Fighting Fire with Fire？[J].World Competition Law and Economics Review，2009，32（2）：180.

③ Lars Kjølbye.Article 82 EC as Remedy to Patent System Imperfections：Fighting Fire with Fire？[J].World Competition Law and Economics Review，2009，32（2）：181.

5.5 加拿大与澳大利亚规制药品专利常青的反垄断做法

5.5.1 加拿大的《知识产权实施指南》与药品转换行为

在全球市场中，加拿大的制药产业相当发达，专利常青行为也引起了竞争执法当局的关注。但与美国和欧盟不同的是，在加拿大，“专利常青”和“药品转换行为”似乎并不是一种从属或替代关系，而被视为两种独立的行为，并分属于专利法和竞争法各自规制的范围。

2003 年，加拿大竞争主管当局对专利常青问题进行了专门调查，并于次年 2 月召开记者招待会提出：解决专利常青问题，竞争法不是一个合适的途径；考虑到专利常青问题符合加拿大《专利药品（合规通知）条例》的各项内容，且属于联邦法院管辖范围内，因此法院有权驳回基于不恰当延长专利的主张，并可向仿制药企授予损害赔偿金。在加拿大，司法中测试阻遏“常青”药品专利的案件并不在少数，典型做法是通过创设“显而易见型重复授权”原则来否认“常青”药品专利的有效性[①]。鉴于这些规则已经提供了特殊的规定来强调和平衡竞争利益，因此可看出加拿大当局认为在已有制度环境下，竞争法不大可能被用来解决专利常青问题，而且对专利常青的指控也不大可能超越正常的专利诉讼形成任何民事诉讼的基础，因为正常的专利诉讼才是解决专利常青问题的恰当途径[②]。所以，对专利常青问题，加拿大的做法是倾向于弱化竞争法并在专利法框架下依靠现有制度通过司法个案的方式予以解决。

加拿大竞争局于 2019 年 3 月 13 日公布的《知识产权实施指南》（简称 IPEGs）中也涉及了“药产品转换”问题。加拿大竞争局针对药产品转换的打击始于 2012 年对某原研药企的调查，竞争局指控此次调查的原研药企故意撤销供应涉案药品，并旨在使消费者转向使用新剂型并进而打击或延缓了仿制药的市场

① 李晓秋.“常青”药品专利的司法控制：加拿大“礼来”案评析及其镜鉴 [J]. 知识产权，2015（10）：132.

② WILLIAM L. V. Pharmaceuticals and Competition Law，Regulatory Context，Settlement Agreements，and More[EB/OL]（报告日期）[引用日期].http：//www.cba.org/cba/cle/PDF/COMP09_Vanveen_paper.pdf.

进入。加拿大竞争局依据《加拿大竞争法》第 79 条的内容指控该原研药企滥用市场支配地位。随着原研药企在市场上重新供应涉案药品及仿制药企进入并分享了市场份额，竞争局才撤消了对涉案药品的调查。

根据加拿大以往的立法和法理，“仅仅是实施一项知识产权”并不被视为市场支配地位滥用的反竞争行为。在 2019 年版《知识产权实施指南》早先公布的征求意见稿中，加拿大竞争局视“知识产权所有人使用或不使用知识产权……仅为知识产权的实施”，而在 2015 年 6 月的征求意见稿中则删除了“或不使用”的措辞，这种做法表明了加拿大竞争局旨在关注药产品转换行为。加拿大竞争局在征求意见稿中还举例说明了“硬转换”行为，即在专利快到期前将原研药产品 A 从市场上撤市，并引入一个新的原研药版本 B；在草案中加拿大竞争局指出这种“硬转换”有可能会产生竞争法中支配地位的滥用问题。委员会进而表明，可以将 B 产品的价格和 A 产品未被阻碍时的预期价格相比较，预测 A 产品的撤市是否会限制“医师开药的选择”。

总之，针对药产品转换的问题，加拿大司法部门可能会评估企业将专利产品从市场中撤市的单边行为是否被视为反竞争的行为。这种判断可能主要取决于权利人为其药产品转换是否提供了一个清晰和使人信服的商业理由。

5.5.2　澳大利亚的《药品专利评估报告》

澳大利亚 2013 年 5 月发布的《药品专利评估报告》(Pharmaceutical Patents Review Report）中指出澳大利亚普遍存在药品专利常青问题，并得出结论，“药品专利常青”对竞争者的市场进入有不利影响，并且增加了仿制药和其他创新的不确定性，因为原研药企扩充了专利权的权利范围和时间保护范围。但是，也有学者认为，药品专利常青行为对药品市场竞争的损害并非那么明显；而且，随着澳大利亚在 2012 年对《专利法》进行改革后，“专利创造性标准”得到了加强。这一举措使得药企更难获得“显而易见的”发明，并限制了专利组合常青的机会。由于澳大利亚于 2013 年 4 月才开始修法，所以对于药品专利常青的影响还很难综合评价。澳大利亚在 2020 年再一次修订了《专利法》的内容，并规定自 2021 年 8 月 26 日起，澳大利亚知识产权部门不再允许新的革新专利申请。该学者还认为，通过申请跟进专利的专利常青行为是符合澳大利亚专利法的（只要达到了可专利性标准），因此专利常青应主要由“可专利性标准”来规制，而非通过竞争法。如果让药企做超出法律要求的事情，采取专利行为以促进公共利益而牺牲药企的经济利益是不现实的。

此外，有关药产品转换行为，澳大利亚竞争局近期也提出了第一起针对产品转换的反垄断指控案件。

5.6 药品专利常青与反向支付协议的结合

在实践中，已经出现了反向支付协议与药品专利常青共存的情况，以上文提到的在美国已引起联邦贸易委员会重视的药产品转换行为为例，原研药企会利用反向支付协议来完成其产品转化的策略。这是因为阻止仿制药企在一段时间内挑战专利的反向支付协议可以为原研药企提供时间来从事产品转化行为，即使仿制药企在专利的有效期内进入，也给予了原研药企一定时间将原研药品转换到新产品上。多年后，当仿制药进入时，市场已经转换成了新产品。结果，仿制药企业不能够再利用州药产品选择法提供的便利，从而也没有办法进行有意义的竞争了[①]。

如果没有反向支付协议，仿制药企就可以挑战原研药专利并可能证明其专利无效或者仿制药企不侵权。相反，当首仿者在反向支付协议中同意不挑战专利时，原研药企可以确保他们的专利不受到挑战[②]。原研药企策略的“时机”非常重要，就是能够阻止仿制药进入市场直到原研药完成药产品转换的时机。一旦原研药完成了市场转换，提高了初始产品的价格并推销了转换后的产品，仿制药竞争将不具有重大意义。反向支付协议允许原研药企确保一个药产品转换策略的效率，否则将会面临仿制药竞争的“风险”和更低的价格[③]。

① Michael A.Carrier.A Real-World Analysis of Pharmaceutical settlements：the Missing Dimension of Product Hopping[J].Florida Law Review，2010（62）：1011.

② Michael A.Carrier.Pharmaceutical Antitrust Complexity[J].CPI Antitrust Chronicle，2014（2）：8.

③ Michael A.Carrier.Pharmaceutical Antitrust Complexity[J].CPI Antitrust Chronicle，2014（2）：9.

5.7　小结

5.7.1　有关药品增量创新小结

面对药品专利增量创新的争论，必须先明确增量创新是否合理和必要。制药产业的发展现实与临床医学已经证明药品增量创新对改善药效与提高临床应用已产生了积极作用。至于针对药品增量创新的指责，我们只能说过度的药品增量创新或不符合专利法可专利性标准的增量创新确实应予以否定。因此，考虑到制药产业收回前期巨额研发成本与涉及公共健康的问题，应当审慎对待药品增量创新。

第一，需明晰增量创新本身反映了制药产业的发展规律和过程，并给用药消费者带来好处。

第二，鉴于现有专利制度对增量创新和改进型专利创新的认可程度，必须结合药品专利的可专利性问题并考虑创造性标准本看待药品专利增量创新。在国际条约没有禁止的情况下，各国有充分的自由规定国内专利法对药品专利增量创新的宽严程度。鉴于我国处于制药产业的发展初期，再加上原创新药所占比例较小，所以我国制药产业应当制定长远发展目标，不可如印度和巴西一般直接禁止药品任何形式的专利常青。

第三，随着近年我国专利申请数量和授权数量的持续攀升，应客观和辩证地看待专利的质量与数量问题。药品领域也是如此，与西方制药大国相比，药品专利增量创新在我国仍属发展阶段，应以客观的态度分析增量创新。因此，笔者认为应当设立宽严适中的药品专利创造性标准，一方面使真正符合药品可专利性标准的增量创新发明得到授权，另一方面考虑药品的用药可及性与公共健康利益等问题，可在实践中进一步细化并适度提高对结构类似化合物与药品用途发明的创造性要求。

5.7.2　有关药品专利常青的反垄断规制小结

关于药品专利常青的反垄断规制问题应采取谨慎的反垄断干预，可以效仿加拿大基于司法的个案进行分析。当解释创造性标准时，考虑发明的整体性非常重要，不要忽视创造性标准和新颖性评估之间的联系。第一，受保护的技术及其保护需求比改变现行法律变化更快，也比行政机构和法院调整自身行为和准则变化更快；第二，专利制度并不是针对某单一技术或某个别产业设计的，专利制度是用于服务一国或一个地区整体经济的，虽然在不同市场中经营企业的保护需求不同。只要“一刀切”的制度仍然存在，过度保护或保护不足所带来的经济无效率情形将不可避免地存在，甚至有可能会经常性地出现[①]。

在发展过程中，如果国外原研药企采取药品专利常青做法排除限制我国仿制药企市场竞争时，我国专利法与反垄断法将如何应对是我们需要考虑的问题。笔者认为，专利法是促进国内创新政策的工具，在讨论包含增量创新的药品专利常青的反垄断问题时，应重点分析药品专利常青策略对仿制药市场进入阻却或延缓某药品相关市场效果的影响。客观讲，在制药产业几乎所有畅销药品的专利权人都会试图延长被授予专利的排他权。一方面，药品专利常青被视为一种构建强专利组合的策略，是制药公司用以获得利润和促进合作的方法；另一方面，药品专利常青又被视为制药企业保护核心专利和延迟仿制药竞争的策略。对于药品专利长期的应对策略，可以从专利法和反垄断法两个维度予以审视。

首先，从专利法层面看，我国目前药品专利实践中将“盐”形式界定在可专利范畴，笔者认为这可能会为已知化合物的增量创新打开专利大门。此外，我国专利审查中还将已知化合物的新用途和化合物的结合也界定在可专利范畴。这也可能会阻碍可负担仿制药的市场进入，也不利于真正新药的研发与上市。因此，考虑到我国制药产业的特点与促进我国制药产业发展的目的，应采取宽严适中的药品可专利性标准，并对国外药品专利授权时采取慎重态度，提高对技术创造性的要求，以防出现跨国药企药品专利常青现象。总之，专利保护必须对竞争的效果保持一个中立的态度，专利保护不足会影响企业创新活力，而保护过度会损害其他市场参与者竞争的自由。

其次，就是否引入反垄断法规制药品专利常青的问题，笔者认为首先需要明确申请二代药品专利本身并不是专利权的滥用行为，药品创新者有权申请并获得

① Hanns Ullrich.Strategic Patenting by the Pharmaceutical Industry: towards a Concept of Abusive Practices of Protection, Pharmaceutical Innovation, Competition and Patent Law: Triangle Perspective[J].Edward Elgar Publishing, 2013.

二代专利，只要专利法的法定条件得以满足即可。但申请后依据二代专利把一代产品撤市（上文提到的硬转换行为）并损害相关市场竞争时才可能涉及专利权的滥用。

尽管药产品转换行为在上述各个法域中已纷纷得到了实践，但有关产品转换的责任理论在不同法域间不尽相同。美国竞争主管机关对专利常青问题进行了较为密切的关注，尤其针对“药产品转换行为”主张竞争法积极介入的声音似乎更为强烈。美国的几个典型的产品转换案例主要论及原研药企通过从市场撤回旧版本的方式减少了消费者选择，并区分了“硬转换”与“软转换”的区别。加拿大把药品专利常青和产品转换行为视为两个行为，《加拿大竞争法》对药品专利常青的规制比较弱势，强调药品专利常青问题由专利法予以司法个案解决，而把产品转换行为列入了《知识产权实施指南》（IPEGs）的规制范围内。欧盟主要关注原研药企撤销市场准入的行为，并同时伴有药产品重制的行为，欧盟的做法似乎介于美国和加拿大之间，强调对原研药企二代专利申请行为适用竞争法要谨慎，并与其他行业相区别。而澳大利亚对于产品转换的指控取决于原研药企有关授权仿制药的转换，但是旧版本的药品并没有从市场上撤回。

以上四个法域的做法各有不同，而且药产品转换行为在不同法域对竞争的损害程度也不同，对于产品转换案件的主要挑战在于区分合法创新和掠夺性创新。但有一点可以肯定，制药产业的特殊性决定了我国反垄断法应审慎对待专利常青问题。考虑到药品实际垄断市场的时间通常仅有 10 年左右，在这么短的时间内有可能无法弥补药品研发产生的费用，因此在某些情况下应允许原研药企的药品专利常青行为。具体在反垄断判案过程中应重点关注以下几点：①分析涉案的原研药企是否在相关药品市场中构成支配地位；②重点分析原研药企采取药品专利常青策略行为是否在实质上对相关市场上的仿制药竞争产生排除或限制作用，这种排除或限制作用与其带来的积极作用相比有何优势，如前者超过后者才应受反垄断法的规制；③证明原研药企策略性申请药品专利的企业内部文件并不是区分滥用性二代专利和非滥用性二代专利的恰当证据基础，除非这些内部资料能够证明该支配药企知道获得专利的条件没有满足。从总体上看，基于一个共性问题，即制药产业不仅涉及鼓励创新、收回研发成本，还涉及广大药品使用者的公共卫生福利。与欧盟和加拿大观点类似，我国也应对原研药企的各种药品专利常青行为审慎适用反垄断法。

因此，针对美国案例中出现的原研药企同时采取反向支付协议与药产品转换行为的情形，虽然在其他国家暂时还没有相关案例，但这两种行为一旦叠加对药品市场竞争造成的损害更大，对仿制药的市场排斥作用和消费者损害色彩也更加浓厚，所以反垄断执法机构应当更加予以重视。

第6章　促进我国制药企业创新发展的反垄断及其他相关对策分析

美国1984年HWA立法具有促进仿制药竞争并激励药物创新的双重目的，事实也已经证明在颁布HWA法后的四十几年间对于仿制药的促进产生了积极影响。面对类似的情况，我们不禁要思考中国如今的处境是否正如四十年前美国制定HWA法时的处境，我国是否也需要一部HWA法来促进仿制药发展的同时激励原研药的创新。每一种制度对另一种制度本身的移植不能盲目，要在既有制度基础上进行渐进式的改革。针对原研药企的反向支付协议和药品专利常青问题的解决需要结合我国制药行业的现实情况从反垄断法、专利法及药品管理法三个方面入手。

6.1 我国制药行业概况

6.1.1　我国制药企业的现状

6.1.1.1　仿制药占市场主导

我国制药产业分类体系需以“新药”概念的规范性界定为前提。依据《药品注册管理办法》技术标准，当前国内所称“新药”特指化合物专利到期后的仿制药品，与美国FDA定义的创新药（New Molecular Entity）存在本质差异。从市场构成维度，现阶段可划分为专利药品（含进口原研药）、过专利期原研药、通过一致性评价仿制药、普通仿制药四类，其中前两类均具有注册商标专用权。

我国制药产业生态呈现显著结构性特征：第一，企业格局演变：据国家药监局《2022 年药品监督管理统计年报》，制药企业数量缩减至 4568 家（较 2016 年减少 27.3%），但 CR10 市场份额提升至 22.8%。除国药集团外，江苏恒瑞、百济神州等 6 家本土企业已进入全球制药企业研发投入百强榜。第二，产品结构优化：2023 年 CDE 受理的 1 类创新药 IND 申请达 628 件（同比增长 19%），通过一致性评价的仿制药品种增至 842 个。第七批国家集采数据显示，参选企业数量超过 10 家的品种占比下降至 31%，反映低水平重复建设有所缓解。第三，市场竞争分层：依据中国医药创新促进会 2023 年报统计，跨国药企仍占据创新药市场 78% 份额，但本土企业在生物类似药领域实现突破，如复宏汉霖的曲妥珠单抗生物类似药在欧洲获批上市。

值得关注的是，2023 年国家医保局推动的“药品耗材价格监测工程”已建立全国统一招采平台，促使仿制药价格中位数下降 52%。与此同步，依据最高人民法院知识产权庭数据统计，药品专利链接制度实施两年间，累计登记专利信息 4237 条，引发 32 起专利纠纷早期解决案件。

但是，在我国制药产业中仍然存在突出的矛盾，包括：（1）创新药研发同质化（PD-1 单抗在研项目达 79 个）；（2）复杂制剂产业化能力不足（ADC 药物国产化率低于 15%）；（3）原料药 - 制剂一体化企业占比不足 30%。这些瓶颈正驱动着产业从“仿制为主”向“仿创结合”的战略转型。

我国医药产业生态仍呈现典型的仿制药主导型格局。据《2023 中国医药研发蓝皮书》显示，创新药临床研究平均成本已突破 20 亿元人民币阈值，而通过一致性评价的优质仿制药研发成本维持在 1.2-1.8 亿元区间，两者投入产出比差距扩大至 10-15 倍。这种产业形态的持续强化主要源于以下机制演化：第一，研发风险梯度分化：2023 年 A 股生物医药板块研发投入强度达 8.7%，但聚焦 First-in-class 药物的企业不足 2.5%。科创板设立的第五套上市标准虽已支持 12 家创新药企上市，但融资总额中 68% 流向临床后期项目。[①] 第二，疾病防治需求升级：国家卫健委《2023 卫生统计提要》显示，慢性病导致的疾病负担占比升至 88.6%，

① 中国医药创新促进会．生物医药产业发展报告（2023）[R]. 北京：中国医药创新促进会，2023.

推动慢病用药市场规模突破 1.2 万亿元。第九批国家集采数据显示，高血压、糖尿病用药价格中枢下移 62%，但年供应量增长 340%。第三，医保支付机制革新：2023 年新版医保谈判目录中，生物类似药准入数量同比激增 83%，推动曲妥珠单抗等品种价格下探至原研药的 28%。DIP 付费试点城市数据显示，仿制药在基层医疗机构使用占比突破 94%（国家医保研究院监测）。第四，全球专利周期迭代：2021-2025 年全球面临价值 2300 亿美元的药品专利到期潮（EvaluatePharma 预测），其中 2023 年单年到期专利药物达 79 个。值得关注的是，小分子药物专利悬崖效应减弱，生物药专利到期品种占比提升至 41%（科睿唯安分析）。

此外，可以看到我国制药行业新态势呈现多维突破，复杂仿制技术崛起。2023 年 CDE 受理的注射剂一致性评价申请中，纳米晶、缓释微球等高端剂型占比达 43%。2.4 类新药申报量同比增长 37%，涉及口溶膜、吸入制剂等差异化改良路径，石药集团的盐酸米托蒽醌脂质体获批治疗外周 T 细胞淋巴瘤。此外，全球市场纵深拓展。2023 年我国企业获 FDA 批准的 ANDA 数量突破 200 件（含 13 个首仿药），华海药业的美金刚胺缓释胶囊在美国市场份额达 34%。[①]

我国的制药产业是资金依赖型，据《中国仿制药产业发展报告（2024）》显示，2023 年国内仿制药企业平均利润率提升至 12%-18%，仍显著低于国际仿制药市场 40%-65% 的利润区间（印度太阳制药 2023 年报显示其利润率达 58.7%）。这种差距的持续存在与我国仿制药质量体系建设密切相关，国家药监局 2023 年专项抽检数据显示，通过一致性评价的仿制药与原研药体外溶出度相似度达 95% 以上的品种仅占 67%。造成质量认知差异的机制性原因体现在：第一，制剂工艺差异：2024 年《药学进展》研究显示，缓释制剂的关键工艺参数控制点，国内企业平均掌握度仅为国际领先企业的 78%（以 FDA 批准的 ANDA 为基准）。第二，信息不对称加剧：中国医药商业协会 2023 年调查表明，三级医院医生对通过一致性评价药品的认知准确率仅 49.7%，而患者群体中对 " 原研药更好 " 的刻板认知率达 83.6%。数字化营销的畸形发展进一步放大偏差，跨国药企 2023 年在中国市场的数字营销投入达 42 亿美元（IQVIA 数据），是本土企业的 3.2 倍。

在产业竞争力层面，《全球生物医药投资吸引力指数报告（2024）》对 28 个

① 国家医疗保障局 . 2023 年国家医保药品目录调整工作方案 [Z]. 北京：国家医疗保障局，2023−07.

经济体评估显示：第一梯队（80 分以上）：美国（89.7）、德国（85.2）、瑞士（84.9）第二梯队（70-80 分）：日本（78.3）、韩国（75.6）、新加坡（72.1）中国排名提升至第 11 位（68.5 分），但生物医药风险投资强度仍仅为美国的 1/5，在知识产权证券化、跨境数据流动等细分指标仍低于 OECD 国家平均水平。[①]

6.1.1.2 我国专利药品的现状

根据工业和信息化部《2023 年度医药工业运行分析报告》显示，我国现存持证药品生产企业精简至 5800 家，行业亏损率下降至 7.2%，但产业集中度仍不足 25%，显现“集约化不足”的结构性矛盾。尽管根据国家知识产权局数统计，2023 年国内药企化学药专利申请量突破 3.8 万件，但其中改良型新药与创新制剂占比达 82%，且 PCT 国际专利申请占比仅为 12%[②]。值得关注的是，2023 年中国药企在美国 FDA 橙皮书中登记的专利数量仅占全球总量的 3.7%，在欧洲专利局药品领域的专利申请量不足日本企业的 1/5。

造成我国制药产业国际专利布局滞后的深层机制包括：第一，资金约束：中国医药企业管理协会 2023 年调查显示，中小企业国际专利申请成本占年研发预算的 18%-25%（平均每件 PCT 申请维持费超 50 万元）。第二，制度壁垒：《2024 全球药品专利环境评估》揭示，中国药企在美欧市场遭遇专利无效挑战的成功率仅 31.2%，显著低于印度企业的 57.8%。[③] 第三，人才缺口：猎聘网 2024 年专项报告显示，同时具备药学背景与跨国专利诉讼能力的复合型人才，国内存量不足 800 人，供需比达到了 1:15。

在我国制药领域，当前研发范式呈现新特征，国内药企 78% 的研发投入聚焦于改良型新药（包括缓释制剂、纳米晶技术等），而生物类似药临床研究数量占全球总量的 41%（CDE 2023 年度审评报告）- ADC（抗体偶联药物）与双特异性抗体领域专利申请量年增速达 67%[④]。在专利质量维度上，国家知识产权局《2023

① 中国医药工业信息中心 . 中国仿制药产业发展报告（2024）[R]. 上海：中国医药工业信息中心，2024.）

② U.S. Food and Drug Administration. 2024 drug competition action plan[EB/OL]. (2024-04). https://www.fda.gov

③ World Intellectual Property Organization. 2024 global patent report: pharmaceutical innovations[R]. Geneva: WIPO, 2024.

④ 中国药学会 .2024 年蓝皮书 [M] . 北京：中国医药科技出版社 ,2024 年。

年药品专利统计年鉴》显示：国内授权专利中化合物专利占比仅 14.3%，远低于跨国药企的 73.6%；创新药核心专利平均权利要求项数为 9.2 项，不及跨国企业的 18.7 项。[①] 在专利诉讼胜诉率方面，依据北京知识产权法院 2023 年司法白皮书统计，本土药企对抗跨国公司的案件胜诉率仅为 28.5%。研发投入强度方面，国家统计局 2023 年数据显示：医药制造业 R&D 经费占工业总产值比重提升至 3.5%，较之美国（18.6%）、日本（13.9%）、欧盟（12.8%）仍有显著差距[②]。在生物医药风险投资强度指标上，中国每百万人口融资额仅为美国的 1/8。[③]

6.1.1.3　我国制药企业药品专利申请现状

根据世界知识产权组织（WIPO）2023 年全球创新指数报告，中国已连续七年位居全球专利申请量首位，2022 年中国国家知识产权局（CNIPA）受理的发明专利申请量达 160.2 万件，同比增长 12.4%，继续保持全球第一，远超美国 USPTO（60.5 万件）、日本 JPO（28.9 万件）和欧洲 EPO（19.3 万件）的申请量。在药品专利领域，2010-2022 年 CNIPA 授权量前十的申请人仍以跨国药企为主，包括罗氏、诺华、辉瑞、拜耳等，但本土企业恒瑞医药首次进入前十，且国内药企在生物药和小分子创新药领域的专利占比从 2010 年的 8% 提升至 2022 年的 34%，反映了我国药品产业升级的趋势。[④] 尽管此前中国专利申请量的快速增长曾引发对补贴政策的争议，但自 2021 年起，CNIPA 已逐步取消低质量专利申请补贴，转而实施“专利质量提升工程”，同时 WTO 在 2022 年贸易政策审议中肯定了中国知识产权保护的进展，但也建议进一步规范医药专利审查标准。

目前，随着国内医药行业的发展，一些中国本土制药企业在专利申请上展现出强劲的势头，在国内市场的地位日益提升。虽然中国制药企业申请专利的数量在上涨，但数量和质量仍然无法与跨国药企相抗衡。根据国家知识产权局《2022 年中国专利统计年报》最新数据显示，我国药品专利申请呈现显著结构性变化：

---

① 国家知识产权局 . 2023 年药品专利统计年鉴 [Z]. 北京：知识产权出版社，2024.

② Pharmaceutical Research and Manufacturers of America. 2024 biopharmaceutical research industry profile[R]. Washington: PhRMA, 2024.

③ PitchBook. (2024). 2024 global life sciences investment and financing report (Report No. PB-LSIFR2024).

④ 国家知识产权局 . 2022 年中国专利调查报告 [R/OL]. 北京：国家知识产权局，2023[2023-01-15]. http://www.cnipa.gov.cn/.

在化学药领域，跨国企业专利申请占比从 2015 年的 91.6% 降至 2022 年的 68.5%，国内创新药企专利申请量年均增长 24%，其中 1 类新化合物专利占比从 12% 提升至 39%，恒瑞医药、百济神州等企业已进入全球化学药专利申请 TOP20。生物药领域呈现爆发式增长，抗体类药物专利申请量 5 年增长 400%，国内企业占比达 57.8% 首次超过外资企业。中药领域专利申请量虽同比下降 15%，但质量显著提升，复方制剂占比从 97.76% 降至 62.3%，有效成分明确的中药专利占比提升至 28.5%，专利平均权利要求项数从 3.2 项增至 7.5 项，反映出我国药品专利申请已从数量增长转向质量提升的发展新阶段。

6.1.2 面临的困境和正在实施的政策措施

6.1.2.1 面临的困境

根据最新行业研究数据显示，我国仿制药产业仍面临多重挑战，但政策环境与市场格局已发生显著变化：第一，质量监管体系持续完善但仍有提升空间。2023 年国家药监局发布的《化学仿制药参比制剂遴选与确定程序》明确要求生物等效性试验通过率需达 90% 以上（2021 年仅为 78%），但在临床终点评估和真实世界研究方面仍落后于欧美标准。第二，辅料质量控制差距正在缩小，2022 年国产仿制药辅料备案数量同比增长 35%，但高端功能性辅料进口依赖度仍高达 62%。第三，仿制药上市时机管理更为精细化，2023 年“首仿药”平均上市时间较专利到期日提前了 14 个月（2018 年仅提前 6 个月）。第四，利润空间持续压缩，2023 年行业数据显示普通仿制药平均利润率降至 8.2%，而创新剂型仿制药维持在 15-20% 区间。[①] 第五，同质化竞争加剧，2023 年国家药品监督管理局药品审评中心受理的仿制药申请中，已有 50 个品种申报企业超过 20 家，其中盐酸氨溴索注射液申报企业达 47 家。[②]

在审批流程方面，2023 年新版《药品注册管理办法》实施后，仿制药平均审批时限缩短至 180 个工作日（2019 年为 420 日），但生物类似药等复杂品种仍面临技术审评瓶颈。市场准入方面，带量采购政策已覆盖 400 余个仿制药品种，中

① 中国医药工业信息中心．中国医药工业发展白皮书 (2023 年版)[R]. 北京，2023.

② 国家药品监督管理局药品审评中心．2022 年度药品审评报告 [R]. 北京：中国医药科技出版社，2023.

选产品价格平均降幅 53%，导致行业加速整合，2022 年仿制药企业数量较 2018 年减少 23%。① 专利链接制度实现突破性进展。2021 年施行的《药品专利纠纷早期解决机制实施办法》建立了中国版的“专利舞蹈”制度，截至 2023 年底已受理 97 件专利声明纠纷，其中 24.7% 通过司法途径解决。但实践中仍存在专利信息登记不完整、首仿药 180 天市场独占期执行不到位等问题。

6.1.2.2　正在实施的政策措施

基于我国制药行业发展的最新态势，国家近年来持续推进了一系列深化改革的政策措施。2016 年起实施的仿制药质量与疗效一致性评价工作已取得阶段性成果。截至 2023 年底，国家药监局累计通过一致性评价品种达 926 个，覆盖临床常用药品的 85%，其中 289 个基药目录品种完成率达 92%（国家药监局 2024 年 1 月数据）。这项工程显著提升了我国仿制药质量水平，通过评价品种的生物等效性达标率从 2017 年的 76% 提升至 2023 年的 98.5%。② 在政策体系方面，2020 年新修订的《药品注册管理办法》构建了 " 四个最严 " 监管框架。值得关注的是，2023 年 7 月发布的《药品标准管理办法》首次建立了动态调整机制，要求仿制药质量标准每 5 年进行系统性评估。③ 审评审批效率持续提升，2023 年仿制药上市申请平均审批时限压缩至 120 个工作日，较 2016 年缩短 60%。创新激励政策取得突破性进展。2021 年实施的《药品专利纠纷早期解决机制实施办法》构建了中国特色的专利链接制度，截至 2023 年底已受理专利声明纠纷案件 152 件，其中 28% 通过司法途径解决。④ 医保支付方面，通过带量采购推动优质仿制药替代，第七批集采中选仿制药价格平均降幅 48%，但质量抽检合格率保持 100%。⑤

① 国家医疗保障局．药品集中采购实施成效评估报告 [R]. 北京，2023.

② 国家药品监督管理局．仿制药质量与疗效一致性评价工作进展报告 (2023 年度)[R]. 北京：国家药品监督管理局，2024.

③ 国家药品监督管理局．药品注册管理办法：国家市场监督管理总局令第 27 号 [Z]. 2020.

④ 最高人民法院知识产权法庭．中国药品专利纠纷早期解决机制司法保护年度报告 (2023)[R]. 北京：人民法院出版社，2024.

⑤ 国家医疗保障局．2023 年全国药品集中采购执行情况报告 [R]. 北京：国家医疗保障局，2024.

6.1.3 我国药品专利的发展前景

6.1.3.1 前景分析

近年来，我国药品专利申请数量继续保持增长态势，2022 年国家知识产权局数据显示，中国药品专利申请量已占全球总量的 40% 以上，稳居世界第一，但与美、欧、日等传统制药强国相比，我国药品专利的质量和影响力仍存在显著差距，核心专利占比偏低，高价值专利数量不足，尤其在首创性新药（First-in-class）和突破性疗法领域的专利布局仍显薄弱；在专利转化方面，我国药品专利的商业化率仍处于较低水平，2023 年我国医药领域专利转化率不足 15%，远低于发达国家 30%-40% 的平均水平，且无效专利和提前放弃专利的比例居高不下，部分企业为追求政策红利或短期指标大量申请低质量专利，导致资源浪费；新药研发方面，全球医药行业竞争加剧，研发成本持续攀升，尽管我国创新药研发投入 2023 年达到近 2000 亿元人民币，但单个药物的平均回报率呈下降趋势，近年来全球年销售额超 50 亿美元的“重磅炸弹”级新药数量减少，而我国自主研发的创新药中尚无一款达到这一量级，跨国药企仍凭借成熟的专利布局和市场优势占据主导地位。总体来看，我国药品专利发展仍面临“量高质低”的挑战，未来需在提升专利质量、优化转化机制、加强国际化布局等方面持续发力，才能真正实现从 " 制药大国 " 向 " 制药强国 " 的跨越。

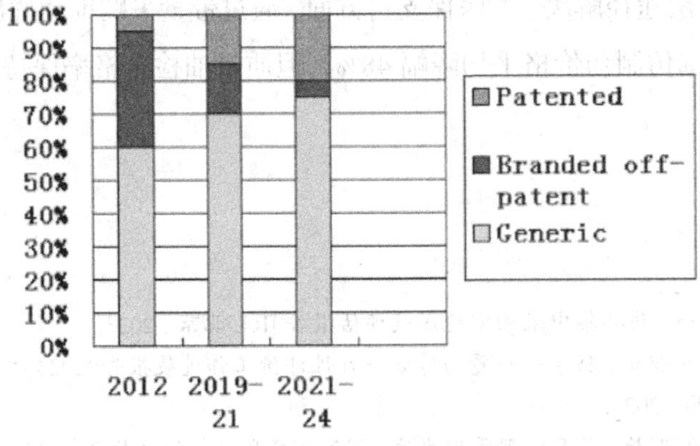

图 6-1 专利药、过期专利药、仿制药比例图

（资料来源：Bain&Company，Forecast）

6.1.3.2　我国制药行业的新发展

2020 年中国有 33% 的人口在 50 岁以上，超过 2010 年 24% 的人口比例。此外，居民慢性病也变得越来越常见，比如 2020 年，我国有大约三分之一的成年人患有高血压，我国大约十分之一的人口受到二型糖尿病的困扰。在制药行业创新领域，中国持续保持高速发展态势。根据科睿唯安（Clarivate Analytics，2016 年从汤森路透拆分）发布的《2023 年全球创新报告》显示，中国在药品专利活跃度中已稳居全球前列，其中中国科学院、浙江大学等机构表现突出（表 6-1）。

表 6-1　2022 财年全球药品创新机构前五名（基于专利活动指标）

机构 / 公司	国家	2022 年专利族数	2022 年发明人数量	2021 年专利族数	年增长率
中国科学院	中国	1842	492	1587	+16%
罗氏（Roche）	瑞士	1765	598	1802	-2%
加州大学系统	美国	1302	521	1195	+9%
浙江大学	中国	1158	487	1103	+19%
诺华（Novartis）	瑞士	1045	412	976	-5%

（资料来源：Clarivate Analytics Derwent Innovation 专利数据库；注：* 专利族数为经同族合并的发明专利统计）

此外，针对中国 2014 至 2018 年专利药品的研究显示，随着中国新医疗改革计划的推进，这确保了为中国专利药品发展提供坚实的保障。而且，国家基本药物目录中也列入了大量国内专利药品，这使得我国专利药物市场规模继续增长。在 2009 年，中国专利药物的累积产量达到 180.37 万吨；自从 2010 年起，中国专利药产业保持快速增长，在 2010 年累积产量达到 199.77 万吨，2013 年累积产量达到 310.52 万吨。

虽然我国现在大多数药企仍主要生产仿制药，但是一些跨国药企已经在中国设立了研发中心，中国的制药企业也越来越倾向于药物的研发；虽然，目前中国的原研药企仍处于创新发展的早期阶段，但在过去十年间已经有了很快的发展；此外，中国原研药企持续发展需要的几个关键因素——管制体制、专利保护、基础研究、投资、人才和市场激励等已经具备。目前来看，上述几个因素在我国都在日趋完善，它们的存在使我国制药企业在中国面临着良好的发展环境。而且，在我国药品专利申请中，虽然西方发达国家跨国制药企业所申请的创新药占据了我国药品专利申请的大部分，但是，随着近年来众多主要药品专利保护期的纷纷到期，以及我国对本国国内制药企业创新扶持力度的不断加强，跨国药企如今在中国也面临着重大的挑战。跨国制药企业不能再指望像以前一样依靠过期专利药品在中国赚取高额利润了，基于中国政府推行的一系列政策，本土药企必然要与跨国药企争夺市场份额，本土药企也更多地转向创新药并发展区分化的产品组合。

6.1.4 我国药品专利的管制

6.1.4.1 相关法律法规

我国于1984年通过的《中华人民共和国专利法》并不保护药品产品专利，仅保护药品的生产工艺或方法，不保护药品本身。1992年，我国对《中华人民共和国专利法》进行修正后，增加了对药品产品的专利保护内容。所以，在第一次修正《中华人民共和国专利法》之前，我国对药品进行的仅是行政保护，该行政保护只是一种过渡性的措施。在1992年我国还专门颁布了《药品行政保护条例》，这种行政保护弥补了当时药品产品专利保护的不足。目前，随着世界上越来越多的国家认可对药产品的专利保护，科学创新、专利法中的技术问题、药品市场的创设和维持、药企作为公共服务者对自身声誉的努力维持等问题逐渐以复杂和相悖的方式交织在了一起[①]。

在药品注册管理方面的法律法规主要是《中华人民共和国药品管理法》（2019年8月26日修订）、《中华人民共和国药品管理法实施条例》（2024年12月13日修订）及《药品注册管理办法》（2020年7月1日施行）。其中，涉及原研药和仿制药注册上市许可的主要是《药品注册管理办法》，该管理办法的修订过程历时数年，于2014年、2015年及2016年三次公开向公众征求修订意见，在2020年1月予以通过，主要对仿制药注册申请、专利权链接等制度进行完善。

① Joseph M. Gabriel.Medical Monopoly：Intellectual Property Rights and the Origins of the Modern Pharmaceutical Industry[M].the University of Chicago Press，2014.

6.1.4.2　具体规制结构

对于药品专利来说，政府如何平衡药物创新与用药患者公共利益之间的关系是一个既重要又难以解决的问题。如何在激励发明人持续创新投资新药研发的同时，又顾及患者用药的权益这一公共利益是一个需要谨慎平衡的问题。由于制药行业是一个受政策影响作用非常明显的行业，所以对药品专利的管理涉及专利局和药品管理部门两个机构，它们各自有不同的评判标准。专利局关注的是化合物是否展示了高于公有领域知识且是否有足够的进步并因此能够被授予专利；而药品管理部门主要考虑的是提交上市申请的原研药和仿制药的安全性、有效性与可控性问题。所以，有时尽管专利局已经批准了某一药品专利的权利要求，但药品管理部门仍可能会认为该药品缺乏上述“三性”而拒绝药品上市。由于专利权审批和药品上市审批是独立分开的，所以制药产业必然同时体现这两者的特征[①]。

我国《药品注册管理办法》于 2020 年 7 月 1 日施行新版（国家市场监督管理总局令第 27 号），首先，该办法将药品注册申请分为四种基本类型：创新药注册申请、改良型新药注册申请、仿制药注册申请、境外生产药品进口注册申请，并保留补充申请和再注册申请。其中，“创新药注册申请”指：“含有新的结构明确、具有药理作用的化合物，且具有临床价值的药品注册申请”（取消原“未在中国境内上市”的宽泛定义，强调分子实体创新性）；“仿制药注册申请”指：“仿制已上市原研药品的注册申请，应当与参比制剂质量和疗效一致”（删除了“已有国家标准”的表述，明确以“参比制剂”为对标对象，“生物类似药”仍按特殊类别管理）；新增“改良型新药”类别，明确对已上市药品的“新剂型、新给药途径、新适应症”等改良需按此程序申报（区别于原版归入新药的做法）。

第二，专利链接制度得以强化。《药品注册管理办法》第 18 条修订为："药品上市许可持有人应当提交药品涉及的专利声明及权属状态（含专利号、专利权人、专利到期日），声明分为以下四类。国家药品监督管理局（NMPA）需在受理后 10 日内将声明信息推送至国家知识产权局，并在官网公示。第 19 条新增了“专利纠纷早期解决机制”：对声明Ⅳ类的，专利权人可在 45 日内向人民法院或行政裁决机构提起侵权诉讼；NMPA 对获批化学仿制药设置 9 个月等待期（自立案或

① Swapnil Khadke.Patent Law&Its Application to the Pharmaceutical Industry[M].LAMBERT Academic Publishing，2013.

行政裁决受理日起）；首仿药可获得 12 个月市场独占期（自获批之日起）。

Ⅰ类	不存在相关专利
Ⅱ类	存在专利但专利权人承诺不主张
Ⅲ类	存在专利且待期满后上市
Ⅳ类	存在专利但认为不构成侵权

第三，新药监测期调整。取消原“5 年新药监测期”制度，改为依据《药品管理法实施条例》对创新药给予不超过 5 年的数据保护期，期内不再批准同品种上市。

第四，仿制药质量要求体系化。通过以下法规构建全链条质量规范：

1.《化学仿制药参比制剂遴选与确定程序》（2019 年）明确仿制药对照标准；

2.《仿制药质量和疗效一致性评价》（2016 年起实施）要求所有仿制药通过 BE 试验；

3.《药品生产质量管理规范（GMP）》（2022 年修订）强化生产过程控制。

在药品定价方面，2000 年中华人民共和国国家计划委员会（现为中华人民共和国国家发展和改革委员会）发布的《药品政府定价办法》中规定，已过发明专利保护期的药品被称为“原研药”。我国目前药品定价采取的是“政府定价”与“市场调节定价”相结合的模式，“原研药”在政府定价中被单独归为一类，受到特殊的保护。在药品定价的实际操作中，医院执行的《处方管理办法》中的“一品两规”要求同一种药品，原则上只采购两家企业的产品，但是在执行中就变成了一个进口产品、一个国产产品。而在同样类别的药品中，消费者更愿意花更多的钱买进口药、专利过期药而不是仿制药。其实，早在《药品政府定价办法》中就区别了原研药与仿制药的定价，规定已过专利期的原研药和仿制药，针剂差价率不超过 35%，其他剂型差价率不超过 30%。后来对部分已过专利期的原研药给予单独定价。这些专利原研药的特点主要有：第一，生产企业以外商独资或合资企业为主；第二，专利原研药以国外过期专利药为主；第三，绝大多数专利原研药都有仿制药版本；第四，其与统一定价药品的差价较大。①

① 刘亚琴．专利原研药品价格现状及调整思路 [J]. 中国医疗保险，2012（9）：58-59.

6.2　反垄断法的外部干预

6.2.1　概述

无论是美国最高法院对反向支付协议的合理原则分析法的确定，还是欧盟与加拿大竞争主管机关对药品专利常青的谨慎的反垄断法介入态度，都可以表明竞争法在药品专利反垄断领域是可以有所作为的，而目前世界各国的反垄断主管机构也越来越开始关注制药行业的反垄断问题。考虑到药品的公共属性和专利权激励创新的特征，应当谨慎进行反垄断法规制。而且，相关实证研究也证实了真正被纳入反垄断规制范围的反向支付协议和药品专利常青行为是非常有限的。

虽然我国实施反垄断法已有十余年的时间了，但笔者认为随着未来我国知识产权保护水平的提升和药企整体创新研发能力的增强，药品领域滥用专利权的行为会越来越多，因此提前在反垄断法领域对此问题作出回应是十分必要的。国外原研药企的反向支付协议行为和药品专利常青行为在我国也有可能发生，我国反垄断执法机构也需要关注此类问题。原则上，对于反向支付协议和药品专利常青的反垄断分析也应当遵循传统的反垄断分析模式。由于反向支付协议不仅涉及垄断协议也可能涉及支配地位的滥用，而药品专利常青主要涉及支配地位的滥用，所以不仅要进行“目的分析”与“效果分析”，也需要界定相关市场和确定支配地位，进而再分析这些限制性竞争行为对市场竞争产生的影响。

6.2.2　“目的上限制竞争”与“效果上限制竞争”的分析

在美国，最高法院确定使用“合理原则分析法”判断反向支付协议问题。在欧盟，欧盟委员会在对某些反向支付协议案的处罚中却使用了严厉的“目的上限制竞争”的分析，而在《欧盟制药行业竞争调查报告》中针对药品专利申请常青行为也指出可以对原研药企进行“晨袭”式调查，如果发现公司内部文件能够证明申请药品长期专利的目的是排斥或限制仿制药企，其是可以作为反垄断指控的证据的，这也是一种“目的上限制竞争”的分析方法。而欧盟司法机构（欧盟普通法院）对某些反向支付协议案的判决也支持了委员会“目的上限制竞争”的分析方法。

本书认为，对于反向支付协议的分析应当遵循“效果上限制竞争”的分析，这类似于美国的“合理原则分析法”，即可以参考美国最高法院A案件来评估支付金额、与诉讼费相比较后的金额、协议对市场竞争状况的影响等。而且，考虑到我国制药行业处于创新发展的初级阶段，在鼓励药企申请专利的背景下，若采取“目的上限制竞争分析法”或“本身违法原则”，不利于鼓励我国原研药企和仿制药企达成真正为了结束专利诉讼或进行合理对价性支付的反向支付协议。而对于药品专利常青行为，我们更不可以采取严格的“目的上限制竞争”或“本身违法原则”，灵活多变契合个案的“合理原则分析法”仍然是涉及药品专利常青案件的主要分析方法。

6.2.3 专利药品相关市场的界定

在任何反垄断法分析中，首要步骤是确定相关市场（包括相关产品市场和相关地理市场），制药行业也不例外。在欧盟，对于某些药品产品（如处方药产品），零售价格是国家管制而非竞争限制的结果。其他非价格指标，如相关竞争者和购买者的重要程度，以及竞争对某类产品处方药的数量影响，也被用来确定某个制药公司是否具有较大的市场力量。首先，在欧盟实践中，确定药品的相关市场时，欧盟委员会要区分已批准的药品、活性成分、正在审议中的药品。欧盟委员会一般是遵循药品的解剖学、治疗学及化学分类系统（Anatomical Therapeutic Classification，ATC）来确定制药产业产品市场范围的。ATC按照一般到特别将已批准药物分为四种类别。欧盟委员会使用第三类别（ATC3）作为一个开始点，因为欧盟委员会可以依据治疗指征来将药物分类。在第一类已批准的药品中，欧盟委员会还会区分非处方药的市场和处方药的市场；一般情况下，欧盟委员会把创新药和仿制药视为同一相关市场。其次，针对地理市场，尽管在欧盟范围内存在标准化的趋势，但已批准药品的地理市场一般都在一国范围内，因为国家间的药品行政程序和药品购买及报销政策不同。此外，成员国间的品牌策略和包装策略或销售体系也不同。

在美国，简略新药申请反托拉斯案件中，相关产品市场争端经常围绕着市场涉及何种产品来展开。被告一般会主张一个较为宽泛的市场范围来让自己不被视为拥有支配性市场份额。这种宽泛的市场界定一般包括一整个治疗类别（therapeutic class）或者一个治疗类别中至少几种不同种类的药品。被告可能会主张相关市场包含所有治疗相关疾病的药品。原告会主张相关产品市场只包括使用在参考药品中的某一活性成分分子，或者只参考药品本身。这种狭窄的相关市场就很容易展现出支配性的市场份额。在确定相关市场时也应当考虑进入壁垒的问题。进入壁垒是指任何排除竞争者及时应对假定垄断者价格增加的因素。这些壁垒有可能包括管制要求或其他商业进入阻碍。在虚假诉讼案件中，FDA 的管制要求和 30 个月停滞期本身就为 ANDA 申请者的市场进入造成了重大的障碍。尽管确定了一个包含一个治疗类中所有药品的宽泛的市场范围，但 FDA 的程序仍然决定了原研药和仿制药进入市场的时间非常长。尤其是，如果协议包含了从许可人到被许可人的一大笔“价值转移”的话，那么欧盟委员会将尤其关注市场划分或市场共享的风险。

我国在这方面类似的案件并不多，因此可以参考上述欧盟和美国的具体做法。

6.2.4　原研药企市场支配地位的确定

根据我国反垄断法和相关法规，在确定一个企业是否拥有支配地位时需要考虑多个因素。我国新修订的《中华人民共和国反垄断法》第二十三条规定认定经营者具有市场支配地位，应当依据以下因素：该经营者在相关市场的市场份额以及相关市场的竞争状况；该经营者控制销售市场或者原材料采购市场的能力；该经营者的财力和技术条件；其他经营者对该经营者在交易上的依赖程度；其他经营者进入相关市场的难易程度；与认定该经营者市场支配地位有关的其他因素。

6.2.5　我国反垄断法相关制度的完善

6.2.5.1 《中华人民共和国反垄断法》现有规定

《中华人民共和国反垄断法》（下文简称《反垄断法》）第六十八条规定：“经营者依照有关知识产权的法律、行政法规规定行使知识产权的行为，不适用本法；但是，经营者滥用知识产权，排除、限制竞争的行为，适用本法。”该条款规定非常笼统，区分知识产权行使行为适用本法的关键点是滥用观念。但是，《反垄断法》第六十八条并没有给出“滥用”的定义，从该条款字面理解，滥用行为的结果必须是知识产权行使必须消除或者限制竞争，需要明确的是知识产权权利的本质是限制竞争。此外，《反垄断法》第六十八条把对知识产权滥用界定在了权利的行使中，至于知识产权的取得（申请）是否也存在滥用问题则并没有提及，我国2020年新修订的《中华人民共和国专利法》第二十条规定：“申请专利和行使专利权应当遵循诚实信用原则。不得滥用专利权损害公共利益或者他人合法权益。滥用专利权，排除或者限制竞争，构成垄断行为的，依照《中华人民共和国反垄断法》处理。”这说明，我国相关机构已经注意到了专利的申请行为本身也存在违反《反垄断法》的可能。而鉴于《反垄断法》作为该领域的基本法不可能对每个问题都面面俱到地作出规定，所以也决定了“知识产权滥用的反垄断指南”的必要性。目前，我国反垄断法执法机构中的国家市场监督管理总局和国家发展和改革委员会已经或者正在对与知识产权相关的行为进行反垄断立法活动了。

6.2.5.2 我国反垄断执法部门的相关立法

6.2.5.2.1 国家市场监督管理总局相关立法

国家市场监督管理总局负责除价格垄断协议之外的其他垄断协议、支配地位滥用和行政垄断问题。2023年6月25日，国家市场监督管理总局发布了《禁止滥用知识产权排除、限制竞争行为的规定》，该规定于2023年8月1日起施行。这是我国根据《中华人民共和国垄断法》制定的规定。该规定第二条指出：“经营者依照有关知识产权的法律、行政法规规定行使知识产权，但不得滥用知识产权，排除、限制竞争。”紧接着第三条对“滥用”作出了解释，“本规定所称滥用知识产权排除、限制竞争行为，是指经营者违反反垄断法的规定行使知识产权，达成垄断协议，滥用市场支配地位，实施具有或者可能具有排除、限制竞争效果的经营者集中等垄断行为。”不少观点认为，这种对“滥用”的界定仍然是模糊和不清晰的。还有观点认为，该规定仍然存有许多不确定性，国家市场监督管理总局自身仍然具有解释的自由裁量权。还有批评观点认为，与中国的法院相比，中国反垄断行政机构的判决一般具有更大的不确定性，原因在于国内地方市场监督管理局在解释和适用法律法规时具有较大的差异性。尽管国家市场监督管理总局声称会谨慎实施该规定，但该领域的实施行为仍可能会被认为将削弱中国的知识产权保护，进而可能会抑制创新或竞争。所以，有观点建议在中国经营的公司，尤其是技术、网络和制药行业要认真评估在中国的知识产权交易，并依据该规定评估是否在某一技术市场或产品市场具有支配地位；审查许可协议内容以确保符合规定，如有必要做好重新谈判许可条款的准备；持续关注中国国家市场监督管理总局的执法和未来该领域的进一步立法。知识产权领域的反垄断问题近些年在国内既是反垄断执法的热点，也是学界研究的热点。虽然，该规定也没有涉及知识产权权利申请和权利获得阶段的滥用问题，但不管怎样，在评估知识产权滥用的过程中，遵循"合理原则"仍是一个主要原则。

6.2.5.2.2 国家发展和改革委员会相关立法

国家发展和改革委员会价格监督检查与反垄断局负责与价格相关的垄断问题。在知识产权滥用的反垄断规制方面，近年国家发展和改革委员会加大了执法力度，展开了一系列引人瞩目的、针对主要科技公司通过超高定价和滥用知识产权支配地位行为的调查。有观点认为，2014 年国家发展和改革委员会对滥用知识产权限制竞争案的调查，表明了中国明确反对知识产权滥用的信号，也是中国反垄断执法机构提升到国际水平的标准之一[①]。2015 年 3 月 24 日，国内媒体陆续报道了国家发展和改革委员会将知识产权相关领域作为竞争执法的下一个重点，指出制药、汽车等行业是知识产权领域垄断行为高发的重灾区，对该领域实施更强的反垄断执法是未来的趋势。国家发展和改革委员会在知识产权滥用领域反垄断指南的起草正是这一信号的体现。

2019 年 1 月，国务院反垄断委员会引发了《国务院反垄断委员会关于知识产权领域的反垄断指南》，此举表明了国务院反垄断委员会对知识产权领域反垄断问题的关注。在该指南中对于具有竞争关系的经营者之间利用知识产权限制竞争的协议行为进行了列举，包括：联合研发、专利联营、交叉许可、标准制订四种行为。在涉及企业支配地位滥用部分，该指南中列举了几种支配地位滥用的行为：不公平高价许可知识产权、拒绝许可、搭售、附加不合理交易条件、差别待遇、禁令救济。

首先，该指南并没有如加拿大竞争局一样在《知识产权实施指南》中明确规

① 谢冠斌．"高通案"释放反垄断对知识产权滥用信号 [N]. 京华时报，2014-07-24.

定反向支付协议和药产品转换的问题。这可能因为反向支付协议和药产品转换行为在我国仍然处于萌芽阶段且没有引起过多的关注，但并不表明这两种行为在未来不会发生。基于反向支付协议和药产品转换行为可能具备的限制仿制药竞争的特征和效果，因此可以考虑在未来发改委知识产权反垄断指南的修订中效仿加拿大提出对反向支付协议和药产品转换的原则性规定，并效仿美国和欧盟规定涉及反向支付协议的专利和解协议报告制度。其次，指南也没有涉及关于利用专利申请策略来阻碍仿制药进入的情形；可见，对于药品专利常青行为的反垄断法规制问题在我国仍处初始阶段，反垄断执法机构应当重视，但反垄断规制所持的应是谨慎有限的态度。反垄断法管制的是扭曲市场的限制性竞争行为，反垄断执法机构在分析反向支付协议和专利常青案件中也不可能分析涉案专利的效力、强度等技术性问题，因此，反向支付协议和专利常青问题的解决还需要依赖于专利法内在的完善。本书的主题是上述两种行为的反垄断规制分析，但也离不开专利法和药品注册管理法相关的内容，故此下文将简略论述。

6.3　专利法的内在完善

6.3.1　概述

根据世界知识产权组织（WIPO）与美国康奈尔大学、欧洲工商管理学院联合发布的 2016 年《全球创新指标》，对全球经济体的创新能力和成果进行了排名，依据研发投入、许可费用等指标评判，排名前五位的国家依次是瑞士、瑞典、英国、美国、芬兰。作为第二大经济体的中国进入全球前 25 位由此可以看出我国整体创新能力有较大提高，但与发达国家相比仍有差距。在原研药领域更是如此，总体上中国制药企业申请药品专利的数量和质量与跨国药企相比差距甚远，所以我们仍应当继续鼓励国内制药企业申请专利。当前国家提出的医保控费和控制药品价格的目标和专利保护并不矛盾，这些目标的提出并非要减弱专利的保护，相反政府仍在采取更加有力完善的专利保护措施。虽然针对药品弱专利保护有利于提高药品的可及性，但也有可能会损害药物研发的创新激励。总之，我国应当增加药品研发投入，支持制药初创企业的发展，并适当扩大专利权的保护范围。

在国家整体创新能力提升目标的带动下，过去十年内我国专利申请和授权的数量都有了显著的增加，专利越多，专利实施的可能性就越大，专利诉讼的数量也会随之增加，而知识产权诉讼数量的增加也意味着在法庭之外进行专利和解的情况也会增多[①]。尽管专利在被撤销之前都是有效的，但专利仍然被称为“盖然性权利”[②]。我们在分析专利制度及其激励创新目标的同时，往往容易忽略它的另一个政策目标——技术信息的披露。技术披露要求通过保护范围的限制、新颖性和非显而易见性要求来使专利技术在“当前创新”和“未来创新”之间达到一个平衡[③]。这使得多重创新资源的竞争性环境产生，并被认为是技术进步的基础，有学者认为：“当只有一少部分组织控制技术发展时，技术进步就变得迟钝了。”[④]对于发明者保护自身成果来说，专利并不是唯一也不是最有效的措施。但无论如何，专利制度在现有各种制度中仍然不失为一种相对有效的激励创新的制度。因此，对于提升我国制药企业创新能力的策略分析离不开专利法制度内生的改革。

6.3.2　有关药品专利创造性标准的提高

一项专利申请需要清楚地说明该申请究竟产生了哪些新的知识和贡献，并增加专利审查员审查单个专利申请的时间，减少审查其他专利的时间[⑤]。但也有观点认为如果提高创造性标准有可能会削弱创新，因为可专利性标准影响着企业的利润，如果提高创造性标准将增加公司未来收入的不确定性，进而减少预期利润并损害正在进行的药品创新[⑥]。印度、巴西等国专利法的改革已经招致了西方国家的

① Simon Priddis，Simon Constantine.Chapter 11：The Pharmaceutical Sector，IPRs，and Competition Law，Intellectual Property and Competition Law：New Frontiers[M].Oxford University Press，2011.

② M Lemle，Carl Shaprio.Probabilistic Patents[J].Journal of Economic Perspectives，2015（19）：75.

③ Swapnil Khadke.Patent Law&Its Application to the Pharmaceutical Industry[M].LAMBERT Academic Publishing，2013.

④ Robert P.Merges，Richard R.Nelson.On the Comple Economics of Patent Scope[J].Gloumbia Law Review，1992（90）：840.

⑤ Hazel V.J.Moir.Patent Policy and Innovation Do Legal Rules Deliver Effective Economic Outcomes[M].Edward Elgar Publishing，2013.

⑥ Ana Maria Butacu.Strategic Patenting in the Pharmaceutical Sector—a Competition Law Perspective[M].（Master Thesis）International Business Law Tilburg University，2012.

批评。例如，有观点针对巴西专利法的改革评论说，专利保护现有的要求是长期实践的结果，新的授权条件会使该体系的运行更加复杂，会使巴西国内专利主管机构很难与国外专利局合作来解决专利申请积压问题。这种机构之间的合作要求授予专利的条件是一致的。印度专利法第三条（d）款对药品专利长期的打击也是通过提高创造性标准来实施的，但该做法已引发了西方发达国家一致的抗议，而且实践效果似乎也不理想。即使欧盟2009年制药行业调查报告中批评了EPO专利审查的质量问题，呼吁提高药品专利授权质量，其也没有切实提出如何提高药品专利审查标准的问题。

故此，本书认为提高药品专利创造性标准并不是解决反向支付协议和药品专利常青的单一方法，对于药品专利创造性标准提高与否的问题需要结合我国当前制药行业的实际情况和发展目标来确定。基于我国制药企业迫切需要创新的现状，我国目前不宜效仿印度、巴西等国制定过于严格的药品专利创造性标准。过于严格的药品专利创造性标准既不利于我国制药企业申请增量创新的药物并遵循增量式发展的模式，也不利于激励我国仿制药企挑战弱专利。

6.3.3 专利保护期延长制度

目前，美国、日本、韩国、澳大利亚及欧盟都有专利保护期延长制度。为了弥补专利药品在药品行政部门进行上市审批时就“安全性”和“有效性”作出审批所失去的时间，这些国家或地区都对药品专利制度给予了若干年的延长保护。然而，我国的专利保护期延长制度还有待完善，有些观点认为我国目前专利药品主要是外国跨国制药企业所拥有，即使制定了专利保护期延长制度也主要保护的是外国药企的利益，并不利于专利药品在我国被社会公众及早地获取。但随着我国本土药企申请药品专利数量的上升和整体创新能力的提升，2020年修订的《中华人民共和国专利法》中对药品专利规定的延长保护制度可以发挥促进药品创新的作用。因为按照美国1984年HWA法的制度设计，原研药企的专利保护期延长和仿制药企挑战专利激励机制的设置是一种精致的制度平衡。我国要想实现如同美国HWA法样的平衡目标，在考虑未来延长专利保护制度的同时，也应当关注仿制药挑战专利激励机制的建立和完善。

6.3.4　2022 年《专利法》——禁止专利权滥用原则

2020 年修订的《中华人民共和国专利法》明确提出禁止专利权滥用的原则。其实早在 2015 年 12 月，国务院法制办公室就公布了关于《中华人民共和国专利法修订草案（送审稿）》公开征求意见的通知，在通知附件——“国家知识产权局关于《中华人民共和国专利法修订草案（送审稿）》的说明”中解释了此次修法的内容，其中提到要“完善专利审查制度，提升专利质量”，具体措施是“适当扩大专利保护客体范围增加对局部外观设计的保护，延长外观设计专利保护期限”。其中并没有涉及专利权创造性标准的问题。在反垄断方面，此次送审稿第十四条增加了防止专利权滥用的原则性规定，“申请专利和行使专利权应当遵循诚实信用原则。不得滥用专利权损害公共利益或者不合理地排除、限制竞争。”而在更早的 2015 年 4 月，国家知识产权局发布的关于《中华人民共和国专利法修改草案（征求意见稿）》中规定：“行使专利权必须遵循诚实信用原则，不得损害公共利益，不得不正当地排除、限制竞争，不得阻碍技术进步。”送审稿中将专利权可能的滥用从专利权的行使延伸到了专利权的申请阶段，呼应了专利长期反垄断的规制问题，体现了在专利法层面对反垄断问题的简单回应，视为一种原则性的规定。所以，我国药品专利领域的排除限制竞争行为仍然需要反垄断法的介入和规制，哪怕是谨慎和有限的干预，从而保证我国制药行业竞争秩序的健康发展。

6.4　药品管理制度的完善

解决反向支付协议和药品专利常青问题不仅在于反垄断制度和专利制度本身，从完善我国药品管理制度中的专利链接制度和仿制药挑战激励制度着手，也有助于从根源上解决反向支付协议和药品专利常青问题。完善专利链接制度有利于切实保护药品专利权人的利益，对鼓励药企创新提供了更完善的制度保障。鼓励仿制药挑战专利则有助于去除药品专利中的弱专利，缓解药品专利常青行为。通过鼓励仿制药企挑战专利激励机制的设立能够剔除一些本不应当被授予的药品专利，进而真正提升我国制药企业的整体创新能力。虽然这有可能会促使反向支付协议的生成，但正是这种机制的设立使得反垄断执法机构有所作为，在知识产权反垄断指南中考虑对反向支付协议的原则性规定是必要的。

6.4.1 完善药品专利链接制度

6.4.1.1 现行药品注册管理制度

我国旧版的《药品注册管理办法》是2007年由SFDA通过并实施的，其第18条规定："申请人应当对其申请注册的药物或者使用的处方、工艺、用途等，提供申请人或者他人在中国的专利及其权属状态的说明；他人在中国存在专利的，申请人应当提交对他人的专利不构成侵权的声明。对申请人提交的说明或者声明，药品监督管理部门应当在行政机关网站予以公示。药品注册过程中发生专利权纠纷的，按照有关专利的法律法规解决。"①

该条是我国早前有关药品注册链接的制度，但条款规定得非常模糊和笼统，2020年新版《药品注册管理办法》虽然对本内容作出了大幅修改，将专利链接制度移至《专利法》中予以规定，但是仍然需要进一步细化。故此，作者提出如下几点意见：第一，实践中应当要求申请人提供详细的数据和证明，并效仿美国建立原研药企权利人异议制度。第二，为了避免不必要的成本和时间，可以考虑建立专利争议自动搁置审批制度。根据我国当前的诉讼制度，专利侵权案件中原告必须有产品在市场上销售才能提起侵权诉讼，没有销售额的则不可以提起侵权诉讼，这不利于保护专利权人的利益。因此，应当允许药企在获得上市销售许可证（MA）之前就可以提起侵权诉讼。根据美国贸易代表发布的2014年与2015年特别301条款中提出的修改建议，中国食品药品管理局应当改善管理机构以促进创新，并建立有效的专利实施机制。虽然中国的法律中规定了禁令救济，但是在实践中的应用相当少。

《药品注册管理办法》原2007年第19条内容已被完全转移到2021年《药品专利纠纷早期解决机制实施办法》中细化，现行《药品注册管理办法》（2020版）第18-19条仅保留原则性规定，具体操作需结合《药品专利纠纷早期解决机制实

①《中华人民共和国药品注册管理办法》第18条。

施办法》和《专利法》第 76 条执行。

我国药品专利链接制度的法律框架以 2021 年 7 月 4 日正式施行的《药品专利纠纷早期解决机制实施办法》为核心规范。该办法作为《专利法》（2021 年 6 月修订）第七十六条的具体实施文件，确立了四类专利声明制度（第六条）、45 日诉讼响应期（第七条）等核心机制，并配套建立了中国上市药品专利信息登记平台。相较于美国 1984 年 Hatch-Waxman 法案建立的专利链接制度，中美两国在制度设计和实施效果上存在显著差异。（1）在法律位阶方面，我国现行制度以国家药品监督管理局和国家知识产权局联合发布的部门规章为规范基础，属于执行性规范；而美国则直接以国会立法形式确立（21 U.S.C. § 355(j)），具有更高的法律效力等级。（2）从生效时间来看，我国制度建立于 2021 年 7 月 4 日，明显晚于美国 1984 年确立的体系，但充分吸收了国际实践经验。（3）在专利挑战机制设计上，我国采用四类声明分类制度（第六条）并配套 45 日诉讼响应期（第七条）和 9 个月审批等待期，形成紧凑的程序周期但缺乏弹性；相比之下，美国通过 Paragraph IV 声明和可叠加的 30 个月停止期制度，在保持效率的同时赋予更灵活的操作空间。（4）数据保护期限方面，我国为创新药提供 6 年保护期（含 1 年监测期），较美国 5 年（新分子实体）加 3 年（新适应症）的保护体系更为优厚。（5）从实施效果观察，2022 年度我国受理四类声明案件 187 件，[①] 而美国同期 ANDA 专利挑战案件达 329 件，[②] 显示美国制度实践更为活跃。（6）在配套措施方面，我国采取强制专利登记制度并建立专门登记平台，配合最高人民法院的司法解释（2021 知民终 1581 号），体现较强的行政主导特征；美国则维持 FDA 橙皮书自愿登记制度，主要依靠联邦巡回上诉法院判例体系来完善规则，司法主导色彩更为突出。

6.4.1.2 《药品注册管理办法》的修改

我国新版《药品注册管理办法》在 2020 年生效，早在 2013、2014 和 2016 年分别形成了 3 个修改意见稿，现从历史角度对相关条款进行简要回顾。

---

① 国家药品监督管理局．国家药品监督管理局 2022 年度药品审评报告 [R]．北京：国家药品监督管理局，2023.

② 国家药品监督管理局．国家药品监督管理局 2022 年度药品审评报告 [R]．北京：国家药品监督管理局，2023.

6.4.1.2.1 2013年修改意见稿

针对第十九条：这是2013年关于与专利法衔接条款的修订。我国2008年修订的专利法对不视为侵犯专利权的情形作出了规定[①]，而现行《药品注册管理办法》与新修订的专利法并没有衔接起来，这在一定程度上延迟了我国仿制药上市的进程，并变相延长了专利药品的保护期，为此《药品注册管理办法》修正案（征求意见稿）中删除了第十九条，这一与专利法衔接条款的修订有利于提高我国公众用药的可及性[②]。此举意味着，仿制药企向SFDA（国家食品和药品监督管理局，2018年改为国家市场监督管理总局）的申请将不再受制于专利到期前2年内这一时间限制，也就是说在药品的专利到期前并经过新药5年监控期后的任何时间都可以为提交仿制药上市申请而准备材料和相关信息，并不被视为侵权。但是，SFDA应该仍是在专利到期后批准。

针对第十八条：鉴于在药品注册过程中已不存在专利侵权问题，故对第十八条第二款做文字修改，将原“药品注册过程中”的描述修改为“药品上市后”，明确药品上市后发生专利纠纷的处理原则。

6.4.1.2.2 2014年修改意见稿

2014年修法的目的是将SFDA从管理过宽的位置解脱出来，不再干涉企业之间的专利权属之争，将专利争议交由法院来裁决。我国现有的做法是，如果双方存在专利权争议，并不中止SFDA的申请工作，允许企业获得药品上市批准，由企业自行决定药品上市的日期，以规避侵权的风险。

2014年的《药品注册管理办法》对第十九条又做了修改，规定：“对他人已获得中国专利权的药品，申请人可以提出注册申请。国家食品药品监督管理总局按照本办法予以审查，符合规定的核发药品批准文号、《进口药品注册证》或者《制药产品注册证》，专利期满后生效。”这一修订是对2013年修改稿中的完全删除第十九条做法的否定，在此次2014年修改稿中取消了现行法中“2年期限”的限制，而是先行批准，专利期满后生效，而以前是期满后才核发。笔者认为，

①《中华人民共和国专利法》第69条第五款规定：“为提供行政审批所需要的信息，制造、使用、进口专利药品或者专利医疗器械的，以及专门为其制造、进口专利药品或者专利医疗器械的。不视为侵犯专利权。”该条款又被称为“宝拉例外条款”。

②《中华人民共和国药品注册管理办法》修正案（征求意见稿）2013年。

这样的修改虽然有利于仿制药在专利到期后的尽快上市，但文本规定还是有些模糊。事实上，SFDA 就曾经批准过侵权的二代专利药品，如果一个二代专利药品公司事实上已经开始销售侵权创新者的专利的药品时，这对原研药企来说是巨大的损害，尽管原研药企有时候可能会赢得专利诉讼，但是以研发为基础的药企无法在销售那些侵权产品之前持续地解决专利争端。这会损害中国激励创新的目标。所以，对于 SFDA 的审批如果发现侵权，应当有审批中止程序。

6.4.1.2.3　2016 年修改意见稿

2016 年 7 月 25 日，SFDA 又公布了最新版的《药品注册管理办法（修订稿）》并公开向社会征求意见。此次修改稿第一百二十九条规定："对他人已获得中国专利权的药品，申请人可以提出上市申请。食品药品监管总局按照本办法予以审查，符合规定的核发药品注册批件。"这样的规定表明，仿制药申请者可以在专利权到期前就挑战专利，不再受制于"2 年内的期间"，比前两次修改稿在具体条款的语言表述上更加清晰简洁。

6.4.1.2.4　评价

上述几次修改稿中都没有提及以下几个问题：第一，仿制药企在专利有效期内提出仿制药上市申请的程序性问题，也没有原研药企权利人的通知制度。权利人在仿制药企向 CFDA 递交了仿制药上市审批后并不知情，而仿制药企在递交上市申请时也仅仅是提出笼统和原则性的不侵权声明。如果仿制药随后被 CFDA 批准，真正的原研药企并不知情或者滞后知情，其专利权将有可能受到损害。因此，需要考虑建立仿制药递交仿制药上市申请专利权人通知制度，使原研药企具有知情权。第二，上市前的诉权问题。我国现行法律并没有赋予专利权人在仿制药企上市前的诉权，原研药企权利人不能基于权利人所失利润或被告侵权获益等因素获得侵权损害的赔偿。第三，侵权仿制药品上市审批注册延迟制度。我国目前没有制定上市审批自动延迟制度，不利于维护药品专利权人的利益。如果原研药企的权利人发现仿制药企递交的仿制药上市审批中涉及的仿制药涉嫌侵犯原研药企的专利权的话，专利权人虽然可以采用司法渠道获得救济，但是并不能中止 CFDA 对仿制药企的上市审批。

总之，以上都是我国《药品注册管理办法》在今后修订过程中应当继续完善的地方。也可以通过外部机构如由药品注册管理部门在专利局审查可专利性标准之外再进行自己的分析和审查。

6.4.2 仿制药挑战专利激励制度

美国 HWA 法中规定对于首个以“第四声明”递交简略新药申请并挑战专利的仿制药申请者，如果挑战原研药企的专利成功，将获得 180 天的市场排他期，在此期间内美国食品药品监督管理局不批准其他仿制药的申请者。根据美国法的经验，这 180 天的排他期为首仿者带来了巨额的收益，一般在第一个仿制药企进入专利药市场时，药品价格会降低到原来的 80 %，随着 180 天过后越来越多的仿制药企进入该市场，药品价格会持续降低到原来药价的 20 % 甚至更低。因此，180 天的市场排他期类似于创新药企与首仿者共享由专利带来的垄断利益的时期。也正是由于 180 天排他期的制度安排，极大地激励了美国仿制药企积极地申请挑战药品弱专利，但同时这个排他期的规定也造成了反向支付协议在美国的激增。在欧盟和其他国家中，虽然目前也没有规定 180 天的市场排他期，但是也产生了反向支付协议问题。所以，180 天排他期并不是导致反向支付协议产生的唯一原因。依据我国提升药企创新能力的大目标，我国也可以考虑效仿美国探索建立授予首个挑战原研药企专利的仿制药企 180 天的市场排他期。我国《药品注册管理办法》几次修改稿中并没有提及建立 180 天市场排他期的条款，但笔者认为从提升我国专利药品整体质量和激励仿制药企市场进入的角度出发，可以考虑授予首仿者一定时期的市场排他期。

6.5 小结

药品增量创新是一种适合当前我国制药产业发展的实际策略，这是因为增量创新不仅能够使风险最小少，还能够在短期内产生巨大的利润，唯一的弊端就是损害我国长期创新能力的发展。有学者指出，专利法的改革本身并不能使专利法与竞争法的原则相吻合，因为专利局缺乏恰当的调查权，专利局也无法调查专利申请人在申请时是否具有排斥竞争的目的。所以，我们似乎对反垄断法寄予了过高的希望。对于反向支付协议和药品专利常青问题的解决，不能仅仅依靠反垄断法的规制，除了对于专利法内部的自省和完善，促进我国制药企业创新发展还依赖于药品注册管理制度的创新与完善。例如，允许第三方来挑战专利并适当鼓励仿制药企挑战原研药企的药品专利，也可以考虑授予首仿者 180 天的市场排他期。此外，目前我国药企还采取了通过外包前期就参与到全球创新药研发过程的做法。美国仿制药协会在递交给美国国际贸易委员会（ITC）的报告中，建议在我国的药物评估中心雇佣额外的评估人员，这将有助于加速临床试验药物审批和新药（乃至仿制药）申请的进程。

除此之外，还有其他的一些具体可行的措施。政策层面：要优化药品定价机制，逐步取消对原研药品的超过国民待遇，在医保制度上对疗效相同的国产药与专利过期的进口药均按照国产药进行医保报销，以此提高国产药品的竞争力；行政层面：加大对国产药厂创新的财政扶持力度，鼓励国产药企开发新药，缩短国产药厂新药审批的时间，鼓励国产药厂生产的专利药进入医保目录；知识产权行政保护：加强药企专利申请资助力度，鼓励我国药企申请 PCT，开展专项执法行动，保护国家药厂专利权；企业自身层面：企业要转变观念，加强创新，加大研发投入，以市场为导向选择合理的创新模式。

第 7 章　结论

由于涉及公共利益、药品可及性、药品创新、仿制药竞争等问题，药品专利竞争策略行为涉及专利法、反垄断法和药品注册管理法三个组成部分，这些决定了药品专利反垄断问题在当代显得格外敏感和特殊。一方面，原研药企极度依赖作为激励机制的专利保护制度来从事药品研发创新，并通过一定时期的“排他权”收回前期巨额研发成本投资；另一方面，仿制药企对专利到期药品的“模仿性”许可申报及生产上市可以极大地降低药品价格，惠及药品使用者。1984 年美国 HWA 法的双重目标——鼓励原研药企创新和激励仿制药企挑战专利的出发点本是好的，但在实践中原研药企与仿制药企不同的盈利模式和运营模式注定有着不可调和的矛盾，并作为直接的竞争者而存在。面对研发费用的上涨，开发新药难度的不断增加，各国医保控费目标的提出及专利悬崖的到来，原研药企采取了各种专利竞争策略以期在市场中更好地立足。在这些专利竞争策略中，本书主要分析了药企的反向支付协议行为和药品专利常青竞争策略行为。反向支付协议既可能违反垄断协议条款，也可能违反支配地位滥用条款，药品专利常青则可能涉嫌违反反垄断法中市场支配地位滥用的内容。

由于药品专利对于我国发展创新型制药国家的战略非常重要，所以不应当因为适用了过度干预的反垄断法而使药品创新遭受打击；但同时，反垄断法也需要确保药品市场是竞争性的并能使更多消费者可以负担起药品。

首先，对于反向支付协议行为，本书分别分析了美国、欧盟及其他国家的反垄断规制做法，得出如下结论：反向支付协议并不是美国法律制度所独具的，在没有类似于 HWA 法的欧盟和其他国家乃至我国，反向支付协议仍然存在，而正是由于缺乏 180 天的市场排他期和缺乏完善的药品链接制度，才使得其他国家的反向支付协议行为对于药品市场竞争的危害性要比美国小。鉴于这种原研药企与仿制药企直接竞争者之间所达成的协议对竞争可能造成损害，我国可以考虑借鉴美国司法判例中的“合理原则分析法”及反向支付协议竞争执法机构报告制度，并考虑借鉴加拿大竞争局在知识产权反垄断指南中纳入规制反向支付协议的内容。

其次，对于药品专利常青行为，本书得出如下结论：药品专利常青行为的规制在涉及专利权申请阶段的滥用时，一般应属于专利法内在完善的范畴，如可专利性标准的提高，反垄断法不可以过度地干预和规制，尤其是在我国现阶段鼓励增量创新和提升仿制药质量水平的背景下，更不可以对药品专利常青进行严厉的打击。不可以效仿印度、巴西等发展中国家在国内专利法中设置较高的药品可专利性标准门槛打击专利常青行为。但是，当出现原研药企申请二代专利并撤市一代产品从而对仿制药竞争造成排斥作用时，可能会招致反垄断规制。也就是说，原研药企的专利常青申请策略行为对市场竞争状况产生了实际损害才会招致反垄断的审查。制药行业有着与其他行业不同的特征，如涉及人民健康权、公共利益等问题，但考虑到我国反垄断法是一部针对所有行业和领域的部门法，因此不建议针对药品专利制定特殊的反垄断规制。可以在现有竞争主管机关制定的有关知识产权反垄断指南中对该问题进行原则性呼应。

再次，从专利法角度看，第一，关于专利法中的专利创造性标准的问题，考虑到目前我国制药企业的实际发展情况，不可以盲目和激进地大幅提高专利创造性标准的水平，设置过高的专利创造性门槛不利于鼓励国内制药企业的创新积极性。第二，要肯定药品增量创新的意义，认识到在我国制药产业发展的趋势和前景中增量创新所起的重要作用，增量创新是我国药企未来发展的一条重要道路。第三，对于我国制药企业实行分类战略，鼓励少数优势企业积极研究开发具有核心竞争力的新药，申请高质量的药品专利，构建专利网。第四，对于中间企业，重在提高这些企业的仿制药生产水平，做“高仿”的仿制药，改变简单模仿的发展模式。第五，对于低水平企业，在企业的整体发展过程中，形成优胜劣汰的机制，淘汰一批实力弱小的企业。

最后，在药品管理制度方面，建立仿制药激励机制和专利保护期延长制度有利于促进我国制药行业创新能力的发展；建立真正具有主管部门良好合作机制的药品专利链接制度对于规制原研药企专利竞争策略行为具有一定的积极作用。

参考文献

著作类：

［1］MARTINJ. A，RANDALLR. R，GORDONP. K. 美国专利法 [M]. 郑胜利，刘江彬，译 . 北京：知识产权出版社，2011.

［2］吉尔霍恩，科瓦西克 . 反垄断法律与经济（第四版）[M]. 王晓晔，译 . 北京：中国人民大学出版社，2001.

［3］美国司法部反托拉斯局 . 美国反托拉斯手册 [M]. 文学国，黄晋，译 . 北京：知识产权出版社，2012.

［4］赛尔 . 私权、公法：知识产权的全球化 [M]. 董刚，周超，译 . 北京：中国人民大学出版社，2008.

［5］希比 . 国际知识产权（第三版）[M]. 倪晓宁，王丽，译 . 北京：人民大学出版社，2012.

［6］斯科奇姆 . 创新与激励 [M]. 刘勇，译 . 上海：格致出版社，2010.

［7］富田彻男 . 市场竞争中的知识产权 [M]. 廖正衡，张明国，徐书绅，等译 . 北京：商务印书馆，2000.

［8］王晓晔 . 竞争法学 [M]. 北京：社会科学文献出版社，2007.

［9］王晓晔 . 反垄断法 [M]. 北京：法律出版社，2011.

［10］种明钊 . 竞争法 [M]. 北京：法律出版社，2008.

［11］孔祥俊 . 知识产权保护的新思维：知识产权司法前沿问题 [M]. 北京：中国法制出版社，2013.

［12］王先林 . 知识产权与反垄断法：知识产权滥用的反垄断问题研究 [M]. 北京：法律出版社，2008.

［13］王先林 . 中国反垄断法实施热点问题研究 [M]. 北京：法律出版社，2011.

［14］李建伟 . 创新与平衡：知识产权滥用的反垄断法规制 [M]. 北京：中国经济出版社，2008.

［15］吴广海 . 专利权行使的反垄断法规制 [M]. 北京：知识产权出版社，2012.

［16］张伟君，张韬略 . 知识产权与竞争法研究 [M]. 北京：法律出版社，2012.

［17］林燕萍 . 发展中国家十国竞争法研究 [M]. 北京：北京大学出版社，2010.

［18］詹昊 . 中国反垄断民事诉讼热点详解：《关于审理因垄断行为引发的民事纠纷案件应用法律若干问题的规定》解读及案例评析 [M]. 北京：法律出版社，2012.

［19］郑成思 . 知识产权论（第三版）[M]. 北京：法律出版社，2003.

［20］张晓东 . 医药专利制度比较研究与典型案例 [M]. 北京：知识产权出版社，2012.

［21］朱怀祖 . 药品专利强制许可研究 [M]. 北京：知识产权出版社，2011.

［22］张冬 . 中药国际化的专利法研究 [M]. 北京：知识产权出版社，2012.

［23］欧阳德方，潘卫三 . 实用药品专利 [M]. 北京：人民卫生出版社，2006.

［24］陈清奇 . 美国药品专利研究指南 [M]. 北京：科学出版社，2008.

［25］张清奎 . 医药专利保护典型案例评析 [M]. 北京：知识产权出版社，2012.

［26］张清奎 . 医物及生物技术领域知识产权战略实务 [M]. 北京：知识产权出版社，2008.

［27］科学技术部社会发展科技司 . 生物医药发展战略报告：专利篇 [M]. 北京：科学出版社，2009.

［28］杨军 . 医药专利保护与公共健康的冲突研究 [M]. 北京：北京大学出版社，2008.

［29］徐棣枫 . 专利权的扩张与限制 [M]. 北京：知识产权出版社，2007.

［30］韦贵红．药品专利保护与公共健康 [M]. 北京：知识产权出版社，2013.

［31］管荣齐．发明专利的创造性 [M]. 北京：知识产权出版社，2012.

［32］曹丽荣．上海生物医药专利资源及其优化配置研究 [M]. 北京：法律出版社，2012.

［33］冯洁菡．公共健康危机与 WTO 知识产权制度的改革：以 TRIPs 协议为中心 [M]. 武汉：武汉大学出版社，2005.

［34］胡波．专利法的伦理基础 [M]. 武汉：华中科技大学出版社，2011.

［35］李轩，柯莱亚．知识产权实施：国际视角 [M]. 李轩，张征，等译．北京：知识产权出版社，2012.

期刊论文类：

［1］陈武．美国药品专利诉讼中的反向支付协议——以 Cardizem CD 及 Valley Drug 案为研究进路 [J]. 知识产权，2007（4）：82-87.

［2］张瑜，罗先觉．专利诉讼和解中反向支付的反垄断分析——兼评 Schering-Plough 及 Tamoxifen 反向支付案 [J]. 北京政法职业学院学报，2009（4）：71-75.

［3］罗蓉蓉．美国医药专利诉讼中"反向支付"的反垄断规制及其启示 [J]. 政治与法律，2012（12）：141-149.

［4］刘文骥．医药行业反向支付协议的反垄断法规制 [J]. 中国物价，2013（7）：39-42.

［5］丁锦希．美国药品专利期延长制度浅析——Hatch-Waxman 法案对我国医药工业的启示 [J]. 中国医药工业杂志，2006（9）：649-653.

［6］赵曦．原研药与仿制药的较量——美国 Hatch-Waxman 法案简介 [J]. 中国发明与专利，2009（10）：80-81.

［7］杨莉，袁红梅，连桂玉．美国的仿制药独占制度研究 [J]. 中国新药杂志，2011（19）：1839-1842.

［8］刘立春，朱雪忠．专利悬崖期的授权仿制药发展及其对制药行业的影响 [J]. 情报杂志，2012，31（6）：8-12；7.

［9］刘立春，朱雪忠．中国制药企业在美国市场中应对授权仿制药竞争的策

略研究 [J]. 中国药学杂志，2013，48（14）：1217-1222.

［10］倪凯 . 跨国医药企业专利药到期对我国仿制药企业的影响 [J]. 亚太传统医药，2012，8（7）：1-3.

［11］张宁，平其能 . 对建立我国仿制药注册审批管理配套制度的探讨 [J]. 中国新药杂志，2010，19（11）：921-925.

［12］张楠，张露，王一涛 . 中国仿制药品牌战略研究 [J]. 科技管理研究，2012，32（23）：108-112.

［13］苏华，韩伟 . 药业反向支付协议反垄断规制的最新发展——兼评 Actavis 案及 Lundbeck 案 [J]. 工商行政管理，2013（16）：38-41.

［14］宋建宝 . 专利诉讼反向支付和解协议的反垄断审查：美国的规则与实践 [J]. 知识产权，2014（2）：91-97.

［15］郭德忠 . 美国药品专利领域反向支付的反托拉斯问题 [J]. 北京理工大学学报（社会科学版），2015，17（3）：156-161.

［16］易继明 . 禁止权利滥用原则在知识产权领域中的适用 [J]. 中国法学，2013（4）：39-52.

［17］林玉红 . 国家药品标准与药品专利链接关系简要分析 [J]. 知识产权，2012，（04）：72-75.

［18］佘发勤 . 论反垄断法实施中专利权的保护与限制 [J]. 人民论坛，2013（5）：118-119.

［19］张冬 . 专利权滥用争议的法律协调——以专利法与反垄断法的关联为视角 [J]. 河北法学，2009，27（6）：131-137.

［20］王雪 . 知识产权滥用的反垄断法规制 [J]. 法制与经济，2016（8）：136-137.

［21］吕明瑜 . 知识产权垄断呼唤反垄断法制度创新——知识经济视角下的分析 [J]. 中国法学，2009（4）：16-33.

［22］黄勇 . 知识产权与反垄断法的基本关系 [J]. 电子知识产权，2007（7）：11-12；19.

［23］刘丽娟 . 反垄断法对知识产权滥用的限制 [J]. 知识产权，2009，19（5）：19-27.

[24] 赵晓光 . 反垄断法与知识产权保护 [J]. 世界贸易组织动态与研究，2008（2）：6-8.

[25] 张炳生 . 论知识产权滥用的反垄断法规制 [J]. 宁波大学学报（人文科学版），2006（3）：79-84；118.

[26] 王先林 . 知识产权行使行为的反垄断法规制——谈《反垄断法》第五十五条的理解与适用 [J]. 工商行政管理，2011（12）：67-70.

[27] 吴涛，吴峰 . 我国专利法与反垄断法的失衡和平衡 [J]. 知识产权，2014（9）：57-61.

[28] 张敏 . 反垄断法在知识产权领域的适用——兼评我国《反垄断法》第 55 条 [J]. 经济与社会发展，2013，11（3）：143-146.

学位论文类：

[1] 张艳梅 . 药品专利法律问题研究——以公共利益为视角 [D]. 长春：吉林大学，2008.

[2] 唐圣春 . 市场经济条件下我国药品价格规制研究 [D]. 武汉：华中科技大学，2009.

[3] 杨中楷 . 基于专利计量的专利制度功能分析 [D]. 大连：大连理工大学，2007.

[4] 牟莉莉 . 高技术企业专利申请动机、行为与绩效关系研究 [D]. 大连：大连理工大学，2011.

[5] 李霞 . 欧盟竞争法对知识产权滥用市场支配地位的规制 [D]. 上海：华东政法大学，2014.

[6] 廖志刚 . 知识产权与自由贸易研究 [D]. 重庆：西南政法大学，2010.

[7] 张帆 . 医药行业反向支付协议的反垄断规制 [D]. 上海：华东政法大学，2016.

[8] 郭颖颖 . 药品专利反向支付协议的反垄断法规制 [D]. 郑州：郑州大学，2016.

英文著作类：

［1］Section of Antitrust Law.Pharmaceutical Industry Antitrust Handbook[M]. American Bar Association，2009.

［2］Josef Drexl，Nari Lee.Pharmaceutical Innovation，Competition and Patent Law：A Trilateral Perspectivek[M].Edward Elgar Publishing Limited，2013.

［3］United States Congress Committee.Competition in the Pharmaceutical Marketplace：Antitrust Implications of Patent Settlementskk[M].BiblioGov，2010

［4］Marc P.Philipp.Intellectual Property Related Generic Defense Strategies in the European Pharmaceutical Market，Implication of the EU Commission' s Sector Inquiring from an IP，Competition Law and Economic Perspective[M]. Nomos，2011.

［5］Herbert F.Schwartz，Robert J.Goldman.Patent Law and Practice（Seventh Edition）[M].BNA Books，2011.

［6］Frank A.Sloan，Chee-Ruey Hsieh.Pharmaceutical Innovation：Incentives，Competition and Cost-Benefit Analysis in International Perspective[M].Cambridge University Press，2007.

［7］Ysolde Gendreau.An Emerging Intellectual Property Paradigm[M].Edward Elgar Publishing，Inc.，2008.

［8］Hakkrit Kuanpoth.Patent Rights in Pharmaceuticals in Developing Countries：Major Challenges for the Future[M].Edward Elgar Publishing，Inc.，2010.

［9］Walter Garcia-Fontes.Incentives for Research，Development，and Innovation in Pharmaceuticals[M].Springer Healthcare Iberica SL.，2011.

［10］Robert Balance，Janos Pogany，Helmut Forstner.The World' s Pharmaceuticals：An International Perspective on Innovation，Competition and Policy[M].Edward Elgar Publishing Company，1992.

［11］Andre Jungmittag，Guido Reger，Thomas Reiss.Changing Innovation in the Pharmaceutical Industry：Globalization and New Ways of Drug Development[M]. Springer-Verlag，2000.

［12］Suzanne Scotchmer.Innovation and Incentives[M].The MIT Press，2004.

［13］Bianca Pachaud.Outsourcing R&D in the Pharmaceutical Industry：From

Conceptualisation to Implementation of the Strategic Sourcing Process[M].Palgrave Macmillan，2004.

［14］Mainak Mazumdar.Performance of Pharmaceutical Companies in India：A Critical Analysis of Industrial Structure Firm Specific Resources and Emerging Strategies[M].Springer-Verlag，2013.

［15］Joanna T.Brougher.Intellectual Property and Health Technologies：Balancing Innovation and the Public's Health[M].Springer Science+Business Media New York，2014.

［16］Martin J. Adelman，Randall.R.Rader，Gordon P.Klancnik.Patent Law in a Nutshell（2nd Edition）[M].West，2008.

英文期刊论文类：

［1］W.D O.Rational Antitrust Policy and Reverse Payment Settlements in Hatch-Waxman Patent Litigation[J].GEORGETOWN LAW JOURNAL，2010，98（5）：1303-1348.

［2］James F. Ponsoldt，W.Hennen Ehrenclou. The Antitrust Legality of Pharmaceutical Patent Litigation Settlements. Journal of Law，Technology &Policy，2006，Vol.37.

［3］Olga Gurgula.Restrictive Practices in Pharmaceutical Industry：Reverse Payment Agreements Seeking for a Balance between Intellectual Property and Competition Law. Global Antitrust Review，2012（5）.

［4］Melanie J.Brown.Reverse Payment Settlements in the European Commission's Pharmaceutical Sector Inquiry Report：A Missed Opportunity to Benefit from U.S. Experience[J].The Columbia Journal Law &the Arts，2010（33）：377.

［5］Kent W. Royalty，Suzanne Oliva，William A.Fix.Reverse Payments in the Pharmaceutical Industry：Finding the Right Prescription.Southern Law Journal，2012，Vol.62.

［6］William H.Rooney，Elai Katz.Review of Reverse-Payment Agreements：

The Agencies，the Courts，Congress，and the European Commission[J].Competition Policy International（CPI），2009（5）：2.

［7］Richard McMillan，Mary Bram，M.Brinkley Tappan.Solving the Procedural Quagmire for Testing Reverse Payment Settlements[J].Minnesota Journal of Law，Science&Technology，2010，（11）：2.

［8］Henry N. Butler，Jeffrey P.Jarosch.Policy Reversal on Reverse Payments：Why Courts Should Not Follow the New DOJ Position on Reverse-Payment Settlements of Pharmaceutical Patent Litigation[J].Iowa Law Review，2010（96）：57.

［9］Cory J.Ingle.Reverse Payment Settlements：A Patent Approach to Defending the Argument for Illegality[J].A Journal of Law and Policy for the Information Society，2012（7）：503.

［10］Scott Bergeson.A Vaccine Approach to the Reverse payment Illness[J].Richmond Journal of Law&Technology，2012（18）：14.

［11］Timothy A.Well.Devising a Legislative Solution to the Reverse Payment Dilemma：How Congress Can Balance Competition，Innovation，and the Public Policy Favoring the Settlement of Disputes Without Litigation[J].Saint Louis University Law Journal，2011（55）：741.

［12］Satish Chintapalli.Excessive Reverse Payments in the Context of Hatch-Waxman[J].North Carolina Journal of Law&Technology，2009（10）：2.

［13］Seiko F.Okada.In re K-Dur Antitrust Litigation：Pharmaceutical Reverse Payment Settlements Go beyond the “Scope of the Patent”[J].North Carolina Journal of Law&Technology，2012（14）：1.

［14］Catherine J.K.Sandoval.Pharmaceutical Reverse Payment Settlements：Presumptions，Procedural Burdens，and Covenants not to sue Generic Drug manufacturers[J].Santa Clara Computer&High Technology Law Journal，2010（26）：144.

［15］Anish Vaishnav.Product Market Definition in Pharmaceutical Antitrust Cases：Evaluating Cross-Price Elasticity of Demand.Columbia Business Law Review 2011，586.

[16]Daniel A.Crane.Perse Illegality for Reverse Payment patent Settlement？ [J] Alabama Law Review，2010（61）：3.

[17] Alyssa B.Brown.Patent Misuse and Incremental Changes to the Hatch-Waxman Act as Solutions to the Problem of Reverse Payment Settlements[J].University of Baltimore Law Review，2012（41）：583.

[18] Bernard Persky，Morissa Falk.Reverse Payment Settlements：The Time for Change has Arrived.Bloomingberg Law Reports Antitrust&Trade，2012.

[19] C.Scott Hemphill.An Aggregate Approach to Antitrust：Using New Data and Rulemaking to Preserve Drug Competition[J].Columbia Law Review，2009（109）：629.

[20] Brianna Ford.Using Reverse Payment Agreements as an Effective Way to Maintain a Patent Monopoly in the Pharmaceutical Industry[J].American University Journal of Gender，Social Policy&the Law，2013（21）：919.

[21] Tania Khatibifar.The Need for a Patent-Centric Standard of Antitrust Review to Evaluate Reverse Payment Settlements[J].Fordham Intellectual Property，Media&Entertainment Law Journal，2013（23）：1351.

[22] Tyler Cho.Reverse Payment Settlements：The U.S.Supreme Court has Finally Agreed to Resolve the Issue[J].The John Marshall Law School Review of Intellectual Property Law，2013，Vol.12（787）.

[23] David Ernest Balajthy.A Pharmaceutical Park Place：Why the Supreme Court Should Modify the Scope of the Patent Test for Reverse Payment Deals[J].Journal of Intellectual Property Law，2016（20）：315.

[24] Abbey P.Coffin.CASE COMMENT：Antitrust Law-Rejecting the "Scope of the Patent" Test in Analysis of Reverse Payments in Pharmaceutical Industry-In re K-Dur Antitrust Litigation[J].Suffolk University Law Review，2013（46）：729.

[25] Bret Dickey，Jonathan Orszag，Laura Tyson.An Economic Assessment of Patent Settlements in the Pharmaceutical Industry，Annuals of Health Law，2010，19（367）.

[26] Mark R.Patterson.Leveraging Information about Patents：Settlements，

Portfolios, and Holdups[J].Houston Law Review, 2013（50）: 483.

［27］Ian Hastings.Dynamic Innovative Inefficiency in Pharmaceutical Patent Settlements[J].North Carolina Journal of Law&Technology, 2012（13）: 31.

［28］Michael A.Carrier.Why the Scope of the Patent Test Cannot Solve the Drug Patent Settlement Problem[J].Stanford Technology Law Review, 2012（1）.

［29］Einer Elhauge, Alex Krueger.Solving the Patent Settlement Puzzle[J]. Texas Law Review, 2012（91）: 283.

［30］C.Scott Hemphill.An Aggregate Approach to Antitrust: Using New Data and Rulemaking to Preserve Drug Competition[J].Columbia Law Review, 2009, Vol.109.

［31］Jessie Cheng.An Antitrust Analysis of Product Hopping in the Pharmaceutical Industry[J].Columbia Law Review, 2008, Vol.108.

［32］Herbert Hovenkamp.Antitrust and Innovation: Where We Are and Where We Should be Going[J].Antitrust Law Journal, 2011, Vol.77.

［33］Robert Pitofsky.Challenges of the New Economy: Issues at the Intersection of Antitrust and Intellectual Property[J].Antitrust Law Journal, 2001, Vol.68.

［34］Henry G.Grabowski, Margaret Kyle.Generic Competition and Market Exclusivity Periods in Pharmaceuticals[J].Managerial and Decision Economics, 2007, Vol.28.

［35］Michael A.Carrier.Unraveling the Patent-Antitrust Paradox[J].The University of Pennsylvania Law Review, 2002, Vol.150.

［36］Michael Ilg.Market Competition Aid of Humanitarian Concern: Reconsidering Pharmaceutical Drug Patents[J].Chicago-Kent Journal of Intellectual Property, 2010, Vol.149.

［37］Jonathan J.Darrow.Pharmaceutical Gatekeepers[J].Indiana Law Review, 2014, Vol.47.

［38］Stephen Senn, Nicoletta Rosati.Pharmaceuticals, Patents and Competition: Some Statistical Issues[J]. Journal of the Royal Statistical Society, 2003, Vol.166.

［39］Gregory Dolin.Nonprice Competition in "Substitute" Drugs：The FTC's Blind Spot[J].The Antitrust Bulletin，2014，Vol.59.

［40］Daniel Acquah.Extending the Limits of Protection of Pharmaceutical Patents and Data Outside the EU-Is There a Need to Rebalance[J].IIC，2014，Vol.45.

［41］Daniel J.Gifford.Antitrust's Troubled Relations with Intellectual Property[J].Minnesota Law Review，2003，Vol.87.

［42］Thomas O.Barnett.Interoperability Between Antitrust and Intellectual Property[J].George Mason Law Review，2007，Vol.14.

［43］William E.Kovacic.Intellectual Property Policy and Competition Policy[J].NYU Annual Survey of American Law，2011，Vol.66.

［44］Robin Feldman.Intellectual Property Wrongs[J].Stanford Journal of Law，Business&Finace，2013，Vol.18.

［45］Thomas F.Cotter.Patent Holdup，Patent Remedies，and Antitrust Responses[J].The Journal of Corporation Law，2009，Vol.34.

［46］Tracey Toll.Pharmaceutical Reverse Payment Settlement Agreements and A Proposal for Clarifying the Application of Antitrust Law Rule of Reason analysis to these Agreements[J].Houston Journal of Health Law&Policy，2015，Vol.15.

［47］Michael S.Jacobs.Lessons From the Pharmaceutical Antitrust litigation：Indirect Purchasers，Antitrust Standing，and Antitrust Federalism[J].Saint Louis University Law Journal，1998，Vol.42.

［48］Lars Noah.Product Hopping 2.0：Getting the FDA to Yank Your Original License Beats Stacking Patents.Marquette Intellectual[J].Property Law Review，2015，Vol.19.

［49］Thomas A.Faunce，Joel Lexchin.Linkage Pharmaceutical Evergreening in Canada and Australia[J].Australia and New Zealand Health Policy，2007（4）：8.

［50］Steve D.Shadowen，Keith B.Leffler，Joseph T.Lukens.Anticompetitive Product Changes in the Pharmaceutical Industry[J].Rutgers Law Journal，2009，Vol.41.

［51］Rudolph J.R.Peritz.Taking Antitrust to Patent School：The Instance of

Pay-for-delay Settlements[J].The Antitrust Bulletin，2013，Vol.58.

［52］Luiz Flavio Andrade，Catherine Sermet，Sylvaiin Pichetti.Entry Time Effects and Follow-on Drug Competition[J].European Journal of Health Economics，2016，Vol.17.

［53］Arti K.Rai.Fostering Cumulative Innovation in the Biopharmaceutical Industry：The Role of Patents and Antitrust[J].Berkeley Technology Law Journal，2001，Vol.16.

［54］Jeremy Bulow.The Gaming of Pharmaceutical Patents[J].Innovation Policy and Economy，2004（4）：145.

［55］William O.Duperon.Global Competition Versus Regional Interests：FDI and Pharmaceuticals in India[J].Journal of International Commercial Law and Technology，2010（5）：4.

［56］Alan Devlin.Antitrust Limits on Targeted Patent Aggregation[J].Florida Law Review，2015（67）：775.

［57］Herbert Hovenkamp.Sensible Antitrust Rules for Pharmaceutical Competition[J].University of San Francisco Law Review，2005（39）：12.

［58］Vikram Iyengar.Should Pharmaceutical Product Hopping Be Subject to Antitrust Scrutiny？[J].Journal of Patent and Trademark Office Society，2015（97）：663.

［59］Andre den Exter.The Pharmaceutical Sector Inquiry：Hamlet in a Nutshell[J].European Journal of Health Law，2010，Vol.17.

［60］Shannon Gibson.The Use and Abuse of Drug Reformation in Pharmaceutical Life Cycle Management：A Comparison of the Market Defense of Tricor in the U.S[J].and Lipidil in Canada.Health Law Journal，2013（20）：107.

［61］Guy V. Amoresano.Branded Drug Reformulation：The Next Brand vs. Generic Antitrust Battleground[J].Food and Drug Law Journal，2007（62）：249.

［62］Jaume Puig-Junoy.Impact of European Pharmaceutical Price Regulation on Generic Price Competition[J]. Pharmacoeconomics，2010（28）：8.

［63］Dennis W.Carlton，Robert H.Gertner.Intellectual Property，Antitrust， and Strategic Behavior[J].Innovation Policy and Economy.2003，Vol.3.

［64］Susan K.Sell.Intellectual Property Protection and Antitrust in the Developing World：Crisis，Coercion and Choice[J].International Organization，1995，49（2）.

［65］S A K.Intellectual property policy in the pharmaceutical sciences：the effect of inappropriate patents and market exclusivity extensions on the health care system[J].The AAPS journal，2007，9（3）：E306-11.

英文报告类：

［1］Pay-for-Delay：How Drug Company Pay-Offs Cost Consumers Billions.An FTC Staff Study.January 2010.

［2］Authorized Generic Drugs：Short-Term Effects and Long-Term Impact. Federal Trade Commission.August 2011.

［3］Agreements Filed with the Federal Trade Commission under the Medicare Prescription Drug，Improvement，and Modernization Act of 2003，Overview of Agreements Filed in FY 2012，A Report by the Bureau of Competition.

［4］European Commission，Competition DG.1st Report on the Monitoring of Patent Settlements（period：mid2008—end2009）Published on 5 July 2010.

［5］European Commission，Competition DG.2nd Report on the Monitoring of Patent Settlement（period：January—December2010）Published on 6 July 2011.

［6］European Commission，Competition DG.3rd Report on the Monitoring of Patent Settlements（period：January—December2011）Published on 25 July 2012.

［7］European Commission，Competition DG.4th Report on the Monitoring of Patent Settlement（period：January—December2012）Published on 5 December 2013.

［8］European Commission，Competition DG.5th Report on the Monitoring of Patent Settlement（period：January—December2013）Published on 5 December 2014.

［9］European Commission，Competition DG.6th Report on the Monitoring